KB094516

어린이 책을 고르는
어른들을 위하여

슬픈
거인

슬픈 거인

초판 1쇄 발행 | 2017년 5월 15일
지은이 | 최윤정
펴낸이 | 최윤정
펴낸곳 | 바람의 아이들
만든이 | 최문정 이창섭 이민영 윤보황 양태종 이소희
제조국 | 한국
구독연령 | 12세 이상
등록 | 2003년 7월 11일 (제312-2003-38호)
주소 | 04001 서울시 마포구 서교동 448-29
　　　　서울시 마포구 동교로 17안길 43-4
전화 | (02)3142-0495 팩스 | (02)3142-0494
이메일 | windchild04@hanmail.net

ISBN 978-89-94475-86-8 04000
　　　 978-89-90878-67-0(세트)

「이 도서의 국립중앙도서관 출판예정도서목록(CIP)은 서지정보유통지원시스템 홈페이지(http://seoji.nl.go.kr)와 국가자
료공동목록시스템(http://www.nl.go.kr/kolisnet)에서 이용하실 수 있습니다.(CIP제어번호:2017006270)

슬픈 거인

최윤정 지음

바람의아이들

차례

5.
다이제스트,
무엇을 어떻게
줄이고 있나? —『피노키오』의 경우 … 187

서문

: 아이는 어떻게 어른이 되는가

슬픈 거인은 클로드 퐁티의 그림책 『나의 계곡』에 나오는 캐릭터다. 클로드 퐁티를 유난히 좋아하는 것도 아니고 그 작품에 애착이 있는 것도 아닌데 나는 슬픈 거인을 처음 보았을 때의 느낌을 고스란히 기억한다. 20년쯤 전의 일인데도 그 순간의 인상이 잊히지 않는다. 가끔 그때 그 이미지에서 내가 느꼈던 감정이 무엇인지 생각해 보곤 한다. 지금 당장 그 책을 꺼내어 그때의 기억을 돌이켜 볼 수도 있겠지만 나는 좀처럼 그렇게 하지 않는다. 그렇게 하는 대신 내 안에 각인된 그림을 떠올리기 위해 눈을 감곤 한다. 그것은 실제로 그 책의 한 장면일 수도 있고 내 기억에 의해 편집된 모호한 인상일 수도 있다. 거인이 슬픈 까닭은 집나무에 들어갈 수 없기 때문이고 집나무에 들어갈 수 없는 까닭은 몸집이 크기 때문이다. 상상력의 유쾌한 확장 속에서 구김살 하나 없이 놀고 있는 아이들의 집이자 놀이터인 그 나무를 엿보는 거인의 눈은 부러움과 호기심과 열등감 같은, 비교적 복잡하지 않은 몇 가지 감정이 뒤섞인 오묘한 빛을 내고 있다. 어린이와 연관성을 찾기 힘든 프랑스 현대 비평을 전공한 내가 어린이문학을 이토록 오랫동안 붙들고 있게 된 것은 그 눈의 슬픔이, 너무 일찍 억압되어 완전히 잠들어 버린 나의 유년을 깨웠기 때문인지도 모르겠다.

아이와 어른은 어떻게 다른가. 어린이 책을 읽으면서부터 많은 이들에게 질문을 던져 보았지만 신통한 답변을 하는 사람을 아직까지 만나 보지 못했다. 질문을 좀 바꾸어 본다. 아이는 어떻게 어른이 되는가. 유년 시대를 일찌감치 마감한 수많은 사람들 중에서 과연 얼마나 되는 사람들이 어른인 걸까. 답을 내기 어려운

이 질문을 오래 붙들고 있자니 옛날 어른들의 말이 생각났다. 나이를 아무리 많이 먹어도 결혼을 해야 어른이고 결혼을 해도 아이를 낳아야 어른이라는 말. 평범하고 무심해 보여서 인식욕에 불타던, 도무지 어른이 아닌 내게는 별로 뜻하는 바가 없는 것 같던 그 말. 결혼을 하고 아이를 낳고도 나는 그 말의 뜻을 제대로 이해했던 것 같지 않다. 그저 결혼이라는 관계 속에서 인간이 겪을 수밖에 없는, 이전의 자기가 깨지는 아픔과 배우자라는 거울을 통해서 새롭게 확장되는 자기 인식에 대한 이야기일 거라고 생각했다. 헌신과 희생이 기본인 육아를 통해서 관용을 배울 수밖에 없기에 인간은 부모가 됨으로써 조금 더 성장한다는 이야기일 거라고 생각했다. 사실 그렇기도 하다. 그러나, 그래도, 그럼에도 불구하고, 그건 어려운 일이다. 아주아주 어려운 일이다. 너무 일찍 어른이 되어 버린 아이와 나이를 아무리 먹어도 고스란히 아이로 남아 있는 어른, 그 사이 어디쯤에서 좌충우돌하면서 살고 있는 내게 어린이 책 읽기는 그 어려운 일을 조금 수월하게 해 주었다. 동화 속의 아이들에 대해서 마음 속 깊이 반응하는 나 자신을 발견했던 경험은 내가 운명적으로 놓쳐 버린 유년 시대를 어슴푸레 회복하는 기회였던 것도 같다.

동화 속의 아이와 내 안의 아이와 내가 키우는 아이를 구별하려고 끙끙대면서 보낸 시간이 어언 30년이 되어 간다. 아이 하나가 태어나서 어른이 되는 시간이다. 그 시간이 내게 해 준 일을 가

슬픈 거인

만히 되짚어 보다가 처음에 내가 품었던, '아이는 어떻게 어른이 되는가'라는 물음의 답을 찾았다. 사람은 자신이 더 이상 아이가 아니라는 것을 깨달을 때에야 비로소 어른이 된다는 생각이 든다. 또한, 인간이라는 존재에게 어른과 아이의 경계가 정해져 있는 것이 아니라는 생각도 든다. 왜 아니겠는가. 동물과는 달리, 인간은 언어로 소통하면서 질서와 규칙의 세계 속에서 생존법을 익힌 존재다. 언어로 표현이 안 되는 자기감정을 억압해 버릴 수밖에 없는 인간은 상처 없이 자랄 수가 없지 않은가. 감정은 원래 말이 아니다. 색깔이나 소리처럼, 보다 원초적인 언어로 자기만의 느낌을 풍부하게 드러낼 수 있는 '감정'이라는 것을 말로 표현하면 고작 희로애락 네 가지 중의 어떤 것이 된다. 좀 더 자세히 들어가 봐도 오욕칠정 중 하나로 정의되어 버린다. 이 얼마나 앙상하고도 부당한가! 아이가 어른이 되기 위해서 필요한 게 바로 자기가 느끼는 감정에 대해서 무한 공감을 받는 일인데 말이다.

사람은 누구나 세상 속에서 여러 가지 대상과 관계를 맺고 살아가야 하므로, 본능과 충동에 뿌리를 둔 감정보다는 합리와 질서를 기반으로 하는 이성으로 판단하고 행동한다. 그러느라 사람 살이 속으로 흡수되지 못하고 개인의 내면에서 떠도는 그 '나머지' 감정들을 담아 내는 말의 집을 짓는 일은 시인이나 소설가들의 몫이다. 독자들은 그들의 작품을 통로 삼아 잠시 밀쳐 두었던 자신의 내면과 접속한다. 그 경험을 반복함으로써 미처 다 피어나지 못하고 억압되었던 감정을 보살피면서 조금씩 성장한다. 아이들도 마찬가지다. 어린이와 청소년들에게는 어른들과는 구별되는, 그 나이를 살아가는 특수한 내면세계를 다룬 문학이 필요하다. 태어난 지 몇 시간 안에 두 발로 서거나 1년이 채 되지 않아 혼자 사냥하는 법을 배우는 동물과는 달리 인간은 아주 긴 시간 동안 독립적이고 자주적일 수 없는 상태로 살아야 한다. 그런 존재 조건 속에서 살아가고 있는 미성년들에게 세계는 두렵고 불안하기 그지없다. 동화와 청소년 소설이 교육적인 배려를 하지 않을 수 없는 것은 그 때문이다. 자신이 누구인지, 무엇이 될지 잘 알지 못하는 상태로 막막하게 살아가는 성장기 아이들의 곁을 지키며 괜찮다고 말해 주는 것이 어린이·청소년 문학이다. 아이들은 자기들이 동일시할 수 있는, 어른이 아닌 어떤 주인공이 이런저런 장애물을 만나고 곤경을 헤쳐 나가는 다양한 빛깔의 이야기들을 반복적으로 읽을 필요가 있다. 마음에 조금씩 근육을 만들어 나가는 그 어리고 여리고 나약한 주인공의 내면에 마음껏 공감할 권리가 있다. 비단 아이들뿐이겠는가. 어른들도 대체로, 동물이나 아기를 보면 단박에 행복해져 버리지 않는가. 말이 필요 없는 그 존재들과 본능적으로 소통하면서 무의식적인 방어를 해제하기 때문이 아닐까. 말의 세계에 편입되면서부터 자연스럽게 마음 깊은 곳에 묻어버렸던, 무구했던 그 시절의 자기에 대한 연민이 살아 있는 까닭은 아닐까. 어린이문학은 글과 그림을 통해서 그 정서를 담는다.

슬픈 거인

내가 나인 것과 내가 엄마인 것 사이에서 아슬아슬하게 줄타기를 하고 살아오면서 알게 된 것이 있다. 엄마이든 아니든 나는 나라는 사실. 엄마이기 위해서 어떻게든 나를 숨기려고 했던 것은 얼마나 어리석었는가 하는 깨달음. 좋은 엄마가 되지 못했다는 자괴감에 시달리는 여성들이 어제도 오늘도 여전히 많다. 그것은 좋은 엄마 경험을 가진 여성들이 별로 없다는 사실을 반증한다. 좋은 엄마의 딸이었던 여성들은 자기 안에 각인된 흔적에 따라 힘들이지 않고 자연스럽게 좋은 엄마가 된다. 그러나 현실적으로 그런 행운의 딸들은 매우 드물고 많은 여성들이 "엄마처럼 살지 않을 거야" 하고 되뇌지만 결국은 엄마처럼 살고 있는 자신을 발견하고, 아버지처럼 살지 않으리라 다짐하고 맹세한 아들들 역시 아버지처럼 살고 있는 경우가 허다하다. 적어도 인생에 관한 한, 인간은 누구나 자신이 경험한 만큼만 아는 것이다.

좋은 부모 체험이 없는 사람에게 좋은 부모가 되는 법을 가르쳐 준다는 육아서들이 끊임없이 독자들을 유혹하고 있다. 나 역시 그런 책들을 꽤 읽어 보았지만 책이든 뭐든 내 몸에 각인되지 않은 무언가를 통해서 내 몸으로 낳은 아이를 키울 수는 없다는 결론에 도달했다. 부모인 우리가 할 수 있는 유일한 일은 미성숙한 자신을 조금이라도 더 어른으로 만들기 위해서 노력하는 것뿐이다. 부모로 살아간다는 것은 부모라는 '역할'을 수행한다는 뜻이 아닌가 한다. 좋은 부모란 자기가 맡은 그 역할을 진정으로 받아들이는 사람들이라고 생각된다. 부모라는 역할에 충실하기 위해서 이전의 자기를 멈추고 부모란 어떤 존재이어야 하는지 최대한 알려고 애쓰고 그 속에서 살아가려고 노력하는 사람들이라고 생각된다. 그러기 위해서는 부모가 아니었던 자신을 변화시킬 수밖에 없다. 동화와 청소년 소설은 확실히 그 일을 돕는다. 그리고 부모이거나 교사인 사람들은 그렇지 않은 사람들에 비해서 이런 도움을 받을 확률이 높다. 아무개 엄마와 아버지로 불리는 순간부터 아이는 나의 정체성의 일부가 된다. 날마다 내 눈앞에서 자라고 있는 아이, 그 아이와의 관계는 나의 실존이기도 한 것이다. 아이라는 거울이 되비추는 내 모습을 동화 속에서 다시 한번 음미하는 작업, 혹은 아이와 더불어 자라는 일, 아이를 낳고 기르고 가르치지 않았더라면 모르고 지나쳤을 내 안의 슬픈 거인을 만나는 일, 행복해지려면 죽을 때까지 성장해야 하는 숙명을 타고난 인간에게 그것은 정녕 행운이다.

이 책의 초판은 2000년 문학과지성사에서 출간되었었다. 그로부터 17년이 지났다. 그동안 어린이 책과 관련한 나의 자리는 조금씩 변했다. 한편으로는 번역가와 평론가로 다른 한편으로는 비룡소와 문지 어린이의 기획위원으로 다시 물구나무 주간을 거쳐 바람의아이들 대표로. 이렇게 써 보니 무척 변한 것처럼 보인다. 외양은 그럴지 모르지만 나의 내면에서 그리고 작업에서 어린이 책은 처음이나 지금이나 그다지 달라진 것이 없다. 이미 독자들의 과분한 사랑을 받은 이 책의 초판본을 읽었을 분들을 위해서 덧붙이자면, 개정판 원고의 30%정도는 초판에는 실리지 않은, 2004년 이후에 쓰여진 글들이며 초판에 있던 원고의 일부는 다음 기회를 위해서 남겨 두었음을 밝혀 둔다.

2017년 3월
봄이 오는 골목에서, 최윤정

1장

아 이 들 은
무엇으로 사는가

내가
어른인
것

내가 엄마인 것. 아빠인 것. 선생님인 것 아니 아이들에 대해서 단순히 어른인 것. 애들 책을 읽으면서 자꾸 그런 생각을 하게 된다. 어른 인물이 아니라 애들 인물에서 '나'를 보면서 달콤한 유혹과 씁쓸한 회환이 뒤섞인 감정으로 인물들이 살아 내는 제 몫의 삶을 따라다니는 게 독서 중인 나의 내면 풍경이다. 그렇게 한바탕 읽어 내고 나면 나는 늘 중심을 잡으려 애를 쓴다. 책을 덮은 채 책 속의 인물들을 떠올린다. 그러다 보면 엉뚱한 생각이 든다. 어? 나는 정말 어른일까? 모호해지는 분류 기준을 따져 보기 이전에 솟구치는, 부질없지만 또한 강렬한, 억울함을 닮은 어떤 감정…… 그리고 또 한편으로는 대체로 부정적인 어른 인물들에게서 문득문득 거울을 읽는다. 이런 '어른'들은 아이들에게 무엇일까, 하는 의문이 저절로 떠오르고 시대적 착오의 산물인 아이와 어른의 혼재 상태로서의 나, 혹은 이 '어른'들에 대해서 한편으론 부끄럽고 한편으로 연민이 생긴다. 우리의 아이들은 과연 어떤 선생님, 어떤 엄마 혹은 아빠와 살고 있는 것인가. 아니, 말을 바꾸어 '엄부자모(嚴父慈母)'의 공식이 깨어져 버린 오늘날 우리는 우리가 몸으로 익히지 못한 부모 노릇을 어떤 '교과서'를 보고 해야 하는 걸까, 한숨이 난다. 그러자니 우유부단하고 갈팡질팡하는 나와 같은 부모들 밑에서 크는 아이들은 과연 어떻게 자라나는 걸까 걱정스럽지 않을 수 없다.

오진구. 초등학교 때부터 지진아에 '따'였던 아이. 그러나 Y 정보고 2학년에 다니는 지금, 심심치 않게 '담탱이랑 대판 붙'고 정학과 근신을 당하기 일쑤지만 '잘나가는 비보이'로 유명한 아이. 160이 간신히 넘는 키에 '비보이가 아니었으면 잘나갈 일이 하나도 없는 놈' 오진구. 비보이가 무슨 말인지도 모르고, 춤에 대한 전문 지식은커녕 가장 기본적인 상식마저 없었던 내가 신여랑의 『몽구스 크루』를 읽으면서, 처음에는 귀찮아서 대강대강 넘겨 버리던 풋워크, 탑락, 핸드 글라이더, 나이키 프리즈, 토마스, 윈드밀, 코스프레 등등의 개념을 책 끝에 달린 '용어 풀이'까지 참조해 가면서 정신없이 읽고 만 것은 순전히 오진구 때문이다. '온몸에 멍이 들고, 무릎이 깨지고, 엉덩이뼈가 부서져도 춤을 추'는 오진구의 무대는 뜨거움과 비상이 무엇인지 보여준다. 그중에서도 자신감, 자만심, 오기로 똘똘 뭉친 '성질 더러운' 오진구의 절정은 새로 옮겨 간 그룹에서 쫓겨나 압구정 길바닥에서 춤을 추는 장면.

내 가슴이 벌떡벌떡 뛰기 시작한 건 바로 그때였다. 음악이 없어도, 보는 사람이 없어도 오진구의 춤은 눈부셨다. 내 가슴을 후벼판다. 때로는 부드럽게, 때로는 잔인하게. 아, 제길. 내가 본 오진구의 춤 중에서 제일 멋지다. 오진구는 지금 춤으로 말하고 있다. 나는 지금 아프다. 아프다. 너무 많이 아파서 피를 흘린다. 피가 멈추지 않는다. [……] "다 나오라 그래! 내가 얼마나 잘난 놈인지 보여 줄 테니까. 나란 놈이 얼마나 잘났는지. [……] 너! 열라나 무시하는 너. [……] 너 이 새끼! 아직 안 끝났어! 절대 안 끝났어. [……] 안 끝났다고!"

인생의 순간들을 포기와 체념과 타협으로 엮어 나가야 하는 '어른'인 내 눈엔 오진구의 바닥을 치는 절망과 절규가 부럽기만 하다. 어찌할 것인가, 이 아이를. 가진 것 하나 없는 왜소하고 '성질 드러운' 괴물 같은 녀석, 제 엄마로 하여금 사람 노릇 못 하고 삐뚤어질까 봐 한시도 마음을 놓을 수 없게 하는 녀석의 전 존재에서 뿜어져 나오는 눈부신 화려함이라니. 청춘의 치열함을 정직하게 살아 내는 오진구 같은 아이들은 많다. 적어도 '소설' 속에는.

진유미. 교복을 줄여 입고 귀를 뚫고, 실연의 상처를 치료하느라 남자 친구와 크리스마스이브 여행을 떠나는 겨우 열다섯 살짜리 여자아이. 이혼한 '철학과' 출신 엄마, 카페에서 노래하는 직업을 가진 베짱이 스타일의 개방적인 새아빠와 살면서도 전혀 기죽지 않고 담임에게 "선생님도 귀 뚫으셨잖아요? 선생님도 술집에 나가세요?"라고 당차게 대꾸하는 아이. 짝사랑하는 여자아이에게 잘 보이고 싶어서 오토바이를 타던 재준이가 죽자 "신이라는 게 있다면 목을 비틀어 버리고 싶어"라고 중얼거릴 수 있는 불같은 분노가 가슴에 담긴 아이, 밤을 새워 '판타스틱 소녀 백서'를 보고 '20세기 소년' 만화를 아홉 권씩 읽으면서 잠재우지 못한 외로움을 '노래 가사'로 풀어내는 아이. 그렇게 유미는 유미대로 또 화려하다.

밤이 깊어도 죽음은 오지 않네
흐르는 강물에 청춘을 내던져라
오늘 그대는 살았는가
내일 그대는 살았는가

아침이 와도 죽음은 가지 않네
눈 쌓인 산 위에서 청춘을 포획하라
오늘 그대는 살았는가
내일 그대는 살았는가

어른들은 '네가 사는 모습 그대로, 네가 느끼는 그대로 편하게' 쓰라고 하지만 유미는 싫다. "내가 사는 모습 그대로 쓰면 무슨 재미람. 일어나서 학교 가고, 야단맞고, 공부하고 졸다가 집에 와서 텔레비전 보고 자는 거. 내가 느끼는 거라고 해 봤자 애들한테 짜증나고, 선생님들 미워 죽겠고, 엄마한테 화나고, 그런 거밖에 더 있나 말이다." 맞다. 이경혜의 『어느 날 내가 죽었습니다』에 나오는 유미같이 튀는 아이들만 그렇게 생각하는 게 아니다. 김혜진의 『프루스트 클럽』에 나오는 윤오처럼 조용하고 모범생인 아이도 '진짜 삶은 언제 시작되는 것일까' 하고 한숨을 쉰다. 사춘기 아이들 특유의 열기와 방황과 우울을 그들 삶의 전부인 '학교'가 도대체 알아주질 않으니 그럴 수밖에 없을 것이다. 날이 밝는 것도 해가 지는 것도 교실에서 겪어야 하는 아이들이 학교를 감옥으로 느끼는 건 당연하다. 그래서 그런가, 속속 출간되기 시작하고 있는 우리의 청소년 소설들은 하나같이 감옥으로부터의 탈출만을 시도하고 있다. 학교의 담장 안에 갇힌 아이들을 감각적으로 위로하려고만 하고 있다.

이금이의 『유진과 유진』에 나오는 '작은 유진'의 경우도 크게 다르지 않다. 전교 1등짜리 외국어 고등학교 입시 준비생 작은 유진이 처음으로 '공부 이외의 것에 마음이 끌려 본 것'도 정해진 길 이외의 '세상을 향해 두리번거려 본' 것도 음악과 춤의 유혹이다. 작은 유진은 학원을 빼먹고, 거짓말을 하고, 학원비를 빼돌리고,

담배를 피우고 집을 나오는 아이가 된다. 그러나 유진이 이렇게 되는 것은 춤에 인생을 거는 오진구와는 달리 유년기의 상처 때문이다. 유치원 때의 성추행 사건의 후유증으로 단기 기억상실증에 걸린 작은 유진이, 같은 경험을 했으되 건강하고 정상적인 아이로 자라나 있는 '큰 유진'을 만나면서 유치원 때의 사건 아니, 그 이후 어른들의 잘못된 사후 수습 방식 때문에 생긴 상처를 자각하면서 생기는 현상이다. 정해진 궤도를 이탈하면서 성장하는 아이들의 삶이라는 점에서 『몽구스 크루스』와 『유진과 유진』은 닮았다. 닮았으면서도 다르다. 달라도 크게 다르다. 춤에 죽고 춤에 살려는 진구의 필사적인 태도가 출구 없는 감옥, 지도 없는 세상에서 저항하는 그 나이 아이들 나름의 치열한 존재 방식이라면 유진에게 춤은 하나의 우연일 뿐이다. 유치원 원장의 성추행은 어린 유진이 인형의 목을 자르고 사지를 찢어 놓게 만들었다. 그만큼 유진의 몸은 강하게 반응을 했던 것이다. '깨어진 그릇' 취급을 하던 할아버지나 '하얗게 질린 얼굴로 아이의 살갗을 벗겨 내기라도 하려는 듯 문질러 대'며 딸의 몸을 박박 닦고 또 닦았던 엄마는 결국 유진으로 하여금 머릿속에서 '그 일'을 완전히 지워지게 만들어 버렸다. 같은 일을 당했던 '큰 유진'의 부모가 '네 잘못이 아니'라며 딸에게 사랑을 퍼부었던 것과는 좋은 대조를 이룬다.

성추행, 성희롱, 성폭력. 여자아이들에게 평생 씻겨지지 않는 정신적, 육체적 상흔을 남기는 이 무시무시한 사건들은 좀처럼 없어지지 않고 심심치 않게 텔레비전 뉴스와 신문의 사회면을 장식한다. 작가 이금이로 하여금 『유진과 유진』을 쓰게 만들었던 것도 바로 그런 기사였다고 한다. 그런 의식으로 쓰여진 작품이 요 근래에 많이 나왔다. 성폭력 예방 차원에서 출간된 『가족앨범』(울리케 볼얀 그림, 실비아 다이네르트, 티네 크리그 글), 『네 잘못이 아니야, 나탈리』(질 티보 글, 마리 클로드 파브로 그림) 등에서 볼 수 있듯이 이런 작품들은 성폭력을 당한 아이에게 어떻게 해야 하는지를 명쾌하게 알려 준다. '큰 유진'의 부모는 꼭 그렇게 한 셈이다. 그런 만큼 큰 유진은 후유증 없이, 자기 존중감이 뛰어난 아이로 자라났다. 작가가 그려 놓은 작은 유진과 큰 유진의 대조, 아니 작은 유진 부모와 큰 유진 부모의 대조를 보면서 나는 입맛이 썼다. 너무나도 교과서적이지 않은가! 성추행-찢겨진 인형-깨어진 그릇-아프도록 박박 닦는 엄마-탈선 혹은 춤이라는 모티브들을 관통하는 것은 '몸'이다. 그러나 『유진과 유진』에는 '몸'이 없다. '몸에 대한 설명'이 있을 뿐이다. 역시 성추행 문제를 다룬 티에리 르냉의 청소년 소설 『운하의 소녀』가 처음부터 끝까지 숨 막히게 몸을 느끼게 하는 것과는 대조적이다. 두 유진 부모들의 서로 다른 '사후 처리' 방식을 보여 주는 이 작품은 그래서 그 친절한 설명 방식에도 불구하고 성추행을 다룬 문제 소설이라기보다는 평범한 청소년 성장소설이 되어 있다.

부모의 입장에서 청소년 소설을 읽는 것은 참 착잡한 경험이다. 내가 건너온 청소년기는 아랑곳없이 그때의 아이들과는 영판 다른 내 아이들의 초상을 이해해야 할 뿐 아니라 그 아이들의 부모들에게서 나 자신을 확인하는 부끄러움까지 견뎌야 한다. 다시 돌아봐도 우리가 청소년이었던 그 시절, 어른들이 아이들을 이해해야 한다는 말은 아무도 하지 않았다. 그러고 보니 아이들이 어른들을 이해해야 한다고 말하는 사람도 없었다. 아, 그 시절, 아이와 어른은 서로 이해하고 소통해야 한다고 생각하지 않았다. 다만 아이들이 어른들에게 복종해야 했을 뿐이다. 우리의 부모들은 자신들이 그 부모들에게 했던 것처럼 우리가 자신들에게 해 주기를 바랐으며 동시에 우리가 자신들의 못다 이룬 욕망을 채워 주기를 바랐고 우리는 우리가 그들과는 다른 생각을 가지고 다른 삶을 살게 되었다는 것을 말할 기회를 갖지 못한 채 어른이 되었다. 그런데 이제 우리가 부모 노릇을 할 차례가 된 것이다. 당황스럽다. 유교적인 가르침에 따라 '효'의 가치관을 부모와 자식이 온전히 공유하는 시대를 우리는 '부모'로서는 물론이고 '자식'으로서도 살지 못했던 탓이다. 가정에서는 몸으로 유교적 가치관을 익히고 학교에서는 서구적 합리주의 사고방식을 익힌 우리는 분열적인 삶을 살지 않을 수 없었다. 불행한 분열의 자식 시대가 지나고 오로지 합리적이고 개인주의적인 사고방식과 생활 양식을 가진 아이들과 맞닥뜨리는 부모 시대를 사는 건 왜 또 이리 어려운지 모르겠다. 오늘날 우리 청소년 소설 속에 나타나 있는 혼란스러운 부모들의 모습은 그대로 어지러운 우리들의 자화상이다.

진구가 사고 칠 때마다 학교에 가서 울고불고 한바탕 난리를 치르면서도 진구 엄마는 한 번도 아들을 꾸짖지 못한다. 진구가 다치고 가출하고 싸울 때마다 가슴이 철렁 내려앉고 간이 떨려도 분풀이 한번 해 보기는커녕 술 취한 아들의 어리광을 고스란히 받아 준다. 진구 동생 몽구가 보기에는 심각한 편애지만 엄마의 마음은 그게 아니다.

"그렇게 지 앞가림만 하고 살았으면 계속 쭉 그럴 것이지 이제 와서 뭔 춤을 춘다고 사람 속을 이렇게 활딱 뒤집냐? [⋯⋯] 니가, 이번에는 니가 뒤통수를 때리냐? 저놈은 태산이 무너져도 지 밥 그릇 챙길 놈이라고 마음 턱 놓고 있었는데, 이제 와서 니가 나를 이렇게 기절초풍하게 만들어, 이놈아! 이 썩을 놈아!" [⋯⋯] "그래, 그랬다. 진구가 사람 노릇 해야 잘난 니 놈한테 형 대접 받지 싶어 그랬다. 차라리 니가 형이고 진구가 동생이었다면 내가 이렇게까지 속이 썩어 문드러지지는 않았을 거다!"

불안을 과도한 애정과 보호로 표현하고 믿음을 무심으로 일관하는 이 어머니는 확실히 모순적이다. 말썽꾸러기 큰아들한테는 꼼짝 못 하면서 형 뒤치다꺼리까지 다 하는 작은아들한테는 이렇게 속풀이를 하는 걸 보면 참, 엄마 노릇이란 얼마나 어려운지! 몽구 입장에서 보면 또 늘 어쩔 줄 모르고 허둥대는 엄마를 보는 것도 엄청난 인내심을 요구하는 일이다. 그러나 변화된 세상에서 갑자기 모범 답안을 잃어버린 부모들이 우왕좌왕하는 것을 보아 내면서 아이들은 오히려 너그러워지고 어른스러워지는 걸까? 귀걸이 사건으로 화가 난 담임이 엄마를 모시고 오라고 하지만 유미의 상상 속에서 엄마와 담임의 만남은 코미디다.

나는 열변을 토하는 담임 앞에서 귀 뚫는 게 왜 잘못인지 도무지 이해를 못 한 채 어리둥절한 얼굴로 앉아 있는 엄마의 얼굴을 상상해 보았다. 더군다나 어떤 일이든 자기가 납득할 때까지는 결코 대충 받아들이지 않는 엄마의 질문 공세를 생각하니 더욱 우스웠다. 정말 혼자 보기 아까운 장면이리라.

이쯤 되면 엄마는 순진한 어린애고 유미가 오히려 옳고 그름의 세계를 비껴가는, 웬만한 세상 이치쯤은 다 꿰차고 있는 어른(?)이다. 그러나 유미는 고작 열다섯 살이 아닌가. 가끔은 잔소리가 필요한 '아이'이다. 자기들 문제로 늘 심각한 엄마와 아빠가 딸의 사소한 일상에 신경 쓸 여유가 없는 가운데 외롭게 자란 유미는 '솔직히 잔소리가 좀 듣고 싶어서' 새아빠에게 학교에서 있었던 일을 얘기한다. 소탈하고 명랑한 새아빠가 있어서 유미는 그래도 마음 놓고 '아이'일 수가 있는 거다. 준희(이경화의 『나의 그녀』에 나오는 같은 또래의 아이)에 비하면 훨씬 낫다. '아들에 그 아들까지 먹이고 입히고 잔소리하고 야단치느라 그 좋던 기운도 많이 없어져 버린' 할머니, 그리고 늘 술에 취해 있는 아빠하고만 사느라 외로움에 절어 있는 준희의 어른에 대한 생각은 이렇다. "어른들이란 대개 뭔가에 미쳐 있다. 그리고 그것이 옳다고 우기거나 그렇게 할 수밖에 없다고 우긴다." 한 집안의 가장으로서 최소한의 책임감은커녕 아들 앞에 늘 유아적인 태도를 보이고 퇴행을 거듭하는 아빠를 둔 준희는 연정을 품고 있는 논술 과외 선생님인 '나의 그녀'에게 아빠와 결혼해 달라고 말할 정도로 사랑과 외로움과 보호 받고 또 보호하고 싶은 마음을 혼동한다. 준희가 유일하게 마음을 의지하는 '그녀'인 선생님은 고리타분하지 않고 톡톡 튀는 말들로 준희를 잘 받아 주면서도 해야 할 것과 하지 말아야 할 것을 구별해서 가르쳐 주지 않는다는 점에서 아빠와는 또 다르게 어른 노릇을 포기하고 있다. 도대체 어른에 대한 신뢰와 기대와 존경을 경험할 수 없는 준희는 마음껏 아이일 수도 없다. 그러나 또한 외로움과 절망과 결핍은 지나간 시대와는 달리 아이를 어른으로 자라나게 만들지도 않는다. 물질적 풍요는 왠지 모든 것을 가볍게 만든다. 어른의 부재는 미워하고 극복해야 할 대상을 불분명하게 만든다. 묘한 시대다.

더러는 개방적이고 더러는 인간적이라는 미명 하에, 혹은 평등한 관계라는 허울 속에서 우리는 부모로서 아이들과 소통한다. 우리의 부모들이 우리에게 금지하고 억압했던 많은 것들을 떠올리며 너그럽고 널따란 울타리를 쳐 준다. 아이들이 그 안에서 실컷 뛰어놀 수 있을 것이라고 생각하면서. 그러나 오산이다. 아이들에게 울타리는 뛰어넘으라고 있는 것. 아무리 널따랗게 쳐 줘도 아이들에게 그것은 위반의 기준이 될 뿐이다. 울타리가 너무 좁고 억압이 너무 많고 극복해야 할 대상이 분명하고 어른과 아이는 절대로 평등하지 않았던 시절, 아이들은 겉으로 복종하면서 속으론 칼을 갈 수 있었다. 그 방황과 반항의 힘은 죄의식 대신 의젓함으로 아이들을 보상해 주었고 그렇게 자라난 아이들은 더러 '성공'이라는 걸 하기도 했다. 그러나 무엇에 저항해야 하는지 잘 모르게 된 오늘의 아이들은 힘도 약해지고 단순해지는 걸까? 진구도 유미도 유진이도 준희도 자신이 처한 상황으로부터 해방되고 싶어 하기만 할 뿐 자신들이 진정으로 원하는 것이 무엇인지 알기 위해 치열하게 고민하지 않는다. 그것이 어찌 그 아이들 탓이랴. 숨 막히는 현실, 비전 없는 우울한 현재 속에서 아이들이 바랄 수 있는 것은 그나마 탈출과 해방이 아닐 수 없다. 작가들은 그 아이들을 위로하고 싶은 것이다. 그들 편에 서서 세상을 바라보고 싶은 것이다. 맞다, 그래야 한다. 이제까지는 전혀 그러지도 못했으니까. 그러나 그뿐이라면 역시 아쉬운 데가 있다. 우리의 아이들이 탈출 이후의 세상에서 현기증에 시달리지 않게 도와주려면, 그 아이들이 길을 물어 오는 경우를 예상한다면 감옥 밖의 삶에 대해서도 얘기해 주어야 하지 않겠는가. 원래 소리와 냄새와 볼거리가 가득한 세상 속에는 사람 사이로 나 있는, 잘 보이지 않는 길들이 아주 여러 갈래가 있다는 것도 가르쳐 주어야 하지 않겠는가.

슬픈 거인

이런 생각들을 하고 있었기 때문인가, 켄로치 감독이 아일랜드 역사의 한 장면을 통해서 미국과 영국의 이라크전에 대한 태도를 비판하고 싶었다던 감동적인 영화『보리밭에 부는 바람』을 보고 나서도 내 마음에 남은 것은 한 마디 대사였다. 이상주의자 동생이 현실주의자 형의 눈물 어린 설득에도 불구하고 타협하지 않고 죽음을 선택하며 남긴, 유난히 가슴을 때리는 대사 한 마디. "무엇으로부터 해방되고 싶은지 아는 것은 어렵지 않지만 무엇을 원하는지 아는 것은 어렵다."『보리밭에 부는 바람』은 영국과 싸우던 아일랜드뿐만 아니라, 일본 그리고 미국과 소련이라는 적과의 싸움이 끝나자 혼란에 빠져든 우리의 이야기이기도 했다. 그리고 또 내게는, 개혁에 개혁을 거듭해도 언제나 전쟁터이며 인권 유린의 현장인 우리 아이들의 학교 이야기이기도 했다. 억압이라는 현상만을 보는 아이들이 원하는 것은 오로지 해방이지만 더 먼 미래를 내다볼 줄 아는 '어른'인 우리는 본질에 대해서도 이야기해야 한다. 천착에 대해서도 이야기해야 하고, 아이들에게 진정으로 원하는 것은 무엇인가도 물어야 한다. 필독 도서 목록에 갇힌 채 아이들에게 외면 당하던 과거의 작품들에 비하면 확실히 요즘의 청소년 소설들은 나아졌다. 물론 아이들 곁으로 성큼 다가설 줄 아는 작가들 덕분이다. 그러나 이제 한 걸음 더 나가야 할 때이다. 아이들의 피부만을 건드리는 게 아니라 폐부를 찌르는 질문을 던져야 한다. 그것이 아이들에 대하여 부모이고 선생님이고 독자이고 작가이며 또한 친구이고 이웃인 우리 모두가 '어른'으로서 아이들 곁을 지키는 방식이었으면 좋겠다. 많은 것이 이미 불가능해져 버린 우리 어른들과 달리 아이들이 가진 가능성은 역시 무한하지 않은가 말이다!

배려의 문학

: 아이와 어른 그 사이

어린이날이 다가와서 그런지 라디오에서 갑자기 동요가 흘러나온다. 세상이 아름다운 것은 아이들이 있기 때문이라는 내용의 노래가 아이들 목소리 특유의 고음으로 �짱쨍하게 울려 퍼진다. "금방이라도 알 수 있을 거야/ 아이들이 없어져 보면/ 낮도 밤인 것을/ 노랫소리 들리지 않는 것을" 듣다 보니 섬뜩하다. 아이들이 없어진다고? 마침 나는 운전 중이었고, 횡단보도에 멈추어 선 채 삼삼오오 짝을 지어 길을 건너는 아이들을 바라보고 있던 참이었다. 그렇잖아도 나는 아이들이란 존재가 있어서 아무 데서나 마주칠 수 있다는 게 얼마나 행복인지 느끼는 때가 많은 사람이다. 아이들은 그냥 있다. 그냥 있어서 좋다. 그렇게 느끼는 것은 내가 아이가 아니기 때문일까? 그런데 진짜 아이(목소리)가 주장한다. 세상이 밝은 것은 우리가 있기 때문이라고, 만일 어른들이 그걸 모른다면 한번 없어져 줄 수도 있다고, 그러면 당신들(어른들)은 세상이 얼마나 칙칙해지는지 알게 될 거라고. 문자 그대로만 해석하자면 거의 협박이다. 동화에 비해 동시의 발전이 더디고 동요는 아예 발전을 하지 않는 것 같다. 이처럼 동심이란 아름다운 것이라는 단순한 얘기만 되풀이해서 하고 있으니까. 아닌 게 아니라 직업적으로 어린이와 상관없이 사는 대부분의 어른들은 아직도 아이들이 현실의 치외법권 지대에 살고 있는 줄 아는 것 같기는 하다.

어린이날이라고 어린이들 삶의 실태를 취재한 기사들이 눈에 띈다. 도시보다 자연 속에서 뛰노는 시골의 아이들이 더 행복할 거라고 믿었으며 물질적으로 더 풍요롭고 교육열이 더 높은 강남의 아이들이 강북의 아이들보다 더 나은 삶을 누릴 거라고 믿었던 어른들에겐 충격적인 조사 결과가 나왔단다. 이런저런 기사들을 종합해 보니 대략 다음과 같은 이상한 말이 된다. 어른들은 아이들 교육을 위해서 최선을 다하고 있다. 그런데 아이들은 바로 그 어른들의 열성적인 보호와 배려 때문에 우울증에 걸릴 지경으로 스트레스를 받고 있다. 그리고 어른들 역시 아이들을 위해서 물심양면으로 희생하느라 사는 게 힘들다. 결국 아무도 행복하지 않다. 무슨 부조리극 얘기도 아니고 이 무슨 어이없는 사태인지 모르겠다.

인생이란 기나긴 하나의 여정이고 길 위에서 만나는 모든 것들이 삶을 만들어 낸다. 아이는 어른이 되기 위해서 사는 것이 아

슬픈 거인

니며 어른 또한 무엇인가가 되기 위해서 사는 것은 아니다. 그럼에도 불구하고 성취 지향적인 성격이 너무 강한 한국 사회의 어른들은 부가 되었든 명예가 되었든 혹은 권력이 되었든 무언가 목표를 설정하고 그것을 얻기 위해 경쟁적으로 달리면서 산다. 그러나 아이러니컬하게도 신문이나 텔레비전 뉴스는 부와 권력의 정상에 선 사람들의 욕심과 추태로 얼룩지고 드라마나 소설 속의 그들은 또 한결같이 외롭고 병들어 있다. 아이들 눈에 어른들의 삶은 도대체 어떻게 비칠까? 이제는 동화 속에서도 어른들은 더 이상 아이들의 든든한 보호자가 아니며 삶의 길잡이가 되어 주지 않는다. 대신 어른들의 불합리하고 이기적이며 어리석은 모습들이 적나라하게 그려지고 있다. 더러는 풍자적으로 더러는 유머러스하게 또 어떤 때는 리얼하게 그려지는 이들 어른들은 영락없이 우리들의 초상이다.

현실에서 아이들에 대해 억압으로 작용하기 일쑤인 어른들이 동화 속에서 그렇게 그려지는 것은 어쩌면 당연하다. 그러나 어른과 아이는 정말 그렇게 서로 대립하는 존재들일까? 아이들 눈길은 어른들 삶의 어디까지 가 닿을 수 있는 걸까? 어른인 동화 작가들은 아이들에게 삶에 대해서 어디서부터 어디까지 어떻게 얘기해야 하는 걸까? 박미라의 『이찬실 아줌마의 가구 찾기』는 아동문학을 하는 어른들의 영원한 화두인 이런 물음들에 대해 색다르게 접근해 볼 만한 빌미를 제공한다.

이 작품이 눈에 띄는 것은 우선 이 '동화'가 아이들의 이야기가 아니라는 점이다. 주인공인 '이찬실 아줌마'는 뚱뚱하고 나이많은 혼자 사는 어른이다. 아줌마라는 밋밋하고 만만한 호칭에 '이찬실'이라고 이름 석 자를 붙이니 색다른 느낌이 난다. 이상하게도 요즘 아이들은 친구 엄마를 제 친구 이름에다가 '아줌마'를 붙여서 부르기 때문에 더욱 그렇다. 그러니까 민영이 엄마는 엉뚱하게도 민영이 아줌마, 지수 엄마는 지수 아줌마가 되는 것이다. 그런데 이찬실 아줌마는 찬실이 엄마가 아니다. 아줌마들에게도 이름이 있고 아이들과는 관계없는 제 몫의 삶이 있다는 것을 알게되는 것이 혹시 아이들에게는 신선한 발견이 아닐까. 송정 할머니라고 불리는 엄마랑 살던 이찬실 아줌마가 엄마가 돌아가시고 나서 변화하는 이야기를 담고 있는 이 작품은 기존의 아동문학 작품들과는 다른 점이 꽤 있다. 그리고 보니 이 작품에는 죽음이 많이나온다. 이찬실 아줌마의 아빠는 아줌마가 태어나기도 전에, 그리고 엄마는 삼 년 전에 돌아가셨다. 유모차 할아버지는 사고로 자식들을 잃었다. 그뿐 아니다. 송정 할머니는 생전에 꼬마 이찬실에게 동물을 기르지 못하게 하면서 '키우다 정들면 죽을 때 맘고생만 한다'고 말했었다. 길지 않은 이 작품 속에 등장하는 이 죽음들은 그런데 아주 자연스럽다. 절망이나 슬픔을 동반하고 나타나

는 게 아니라 자연스럽게 삶 속에 스며 있는 죽음이라니. 죽음은
삶의 이면이고 기억은 사라진 존재를 남아 있게 만드는 방식이다.
이찬실 아줌마가 내다 버린 가구를 찾아 나설 수밖에 없는 것은
사라진 것들이 일깨우는 기억의 힘이 이찬실 아줌마로 하여금 '생
각하게' 만들었기 때문이다. 낯선 것들과 부딪힌 이찬실 아줌마는
그동안 당연하게 받아들여 오던 것들에 대해서 스스로의 힘으로
생각하기 시작한다.

송정 할머니와 함께 만지작거리던 구닥다리 살림살이들을 모
두 내다 버리고 오래 꿈꾸던 세련된 가구들을 들여놓은 새집으로
이사한 이찬실 아줌마는 이상하게도 행복하지가 않다. 낯선 벽지,
낯선 장롱, 낯선 부엌이 주는 익숙치 않은 느낌들 때문에 이찬실
아줌마의 삶은 삐거덕거리기 시작한다. 매끄러운 새 물건들의 감
촉은 주인을 밀어내고 급기야 이찬실 아줌마는 자신이 수십 년 동
안 길들여 왔던 편안하고 익숙한 옛 가구들을 찾으러 나서게 된
다. 없어진 가구들을 추적하면서 추억의 갈피를 뒤지게 되는 아줌
마가 만나는 것은 꼬마 이찬실, 젊은 여자 이찬실을 타이르던 송
정 할머니의 목소리다.

"찬실아, 돌아다닐 생각 말고 집에 조신하게 있어라. 세상이
그리 만만한 줄 아느냐?"
"사람은 깊이 사귀어 봤자 상처만 받아. 내 맘 같지 않은 게 세

상이야. 너를 알아주는 건 나뿐이다. 떠들썩하게 살아 봤자 돌아오는 건 없지. 조용히 사는 게 나아."

어른 독자에게는 아무런 변명도 없는 송정 할머니의 삶이 스산하고 쓸쓸해서 아프게 다가오는 대사다. 그러나 작가는 이찬실 아줌마를 언제나 엄마 말을 믿고 부지런히 집안을 쓸고 닦으며 엄마와 하루 종일 이야기를 주고받으며 한 치 흐트러짐 없이 살아온 착한 사람으로 그려 내면서 어린 독자와 눈을 맞춘다. 이찬실 아줌마는 당연히 친구도 없었고 사람들에게 말을 붙일 줄도 모르고 누군가와 무엇을 함께 해 본 적도 없다. 그러던 이찬실 아줌마가 가구를 찾으러 다니면서 유모차 할아버지를 만나고 화가 아저씨를 만나고 그림을 그리고 전화를 기다리고 남들을 위해 걱정을 하고 누군가와의 약속을 지키기 위해서 분주해지면서 혼자만의 울타리에서 서서히 벗어난다.

아줌마는 문득 자기가 남을 걱정하고 있다는 사실이 놀라웠어요. 대충 집을 치우는 동안 내내 할아버지한테 김치를 담가 드릴까 말까 고민했지요.

아줌마는 버스 맨 뒷자리에 앉아 사람들을 바라보았어요. 졸고 있는 사람, 쉬지 않고 휴대전화 단추를 누르는 사람, 책을 읽고 있는 사람, 깊은 생각에 빠져 창밖을 내다보는 사람…… 이찬실

아줌마는 그 사람들 속에 묻혀 있는 자기가 어색하지 않다고 생각
했어요.

작가의 말마따나 '은둔형 외톨이'인 인간에게 일어나는 변화
를 이처럼 간결하고 조용하게 그것도 아이들의 마음에 가 닿을 수
있도록 써 낼 수 있는 것은 작가가 작품 속에 자기를 쏟아부으려
고 하기보다는 아이들을 다독이는 데에 마음을 더 많이 쓰고 있기
때문이다. 동화에서는 언제나 아이들이 주인공이라 어른들은 대
사나 행동으로 그 겉모습만 그려지기 때문에 어린 독자들은 어른
들의 속을 알 수 없다. 이 작품이 신선하게 다가오는 것은 이찬실
아줌마라는 어른을 주인공으로 내세워 그 속마음을 그려 보이고
있다는 데에 있다. 그것도 사건의 극적인 전개가 아니라 마음의
흐름을 따라감으로써 어린 독자들에게 삶의 결을 보여 준다는 데
에 있다. 생의 어떤 시기를 살고 있든 인간이라는 존재는 모든 것
이 이미 결정된 삶을 살아가는 것이 아니라 시간을 맞고 보내면서
변화하고 관계 속에서 성장한다는 사실에 있어서 어른과 아이는
다를 바가 없다. 새로울 것도 없는 평범한 이런 이야기가 전혀 다
르게 다가오는 것은 역시 이찬실 아줌마라는, 아동문학 그것도 저
학년 동화의 주인공으로서는 드문 어른 캐릭터 때문이다.

단편 동화가 다시 살아나는 모양이다. 작년, 올해 유난히 단편 동화집이 많이 발간되고 또 화제가 된다. 최근에 발간된 단편집 『만국기 소년』을 읽었다. 『나의 린드그렌 선생님』과 『우리 집에 온 마고할미』 두 편의 동화를 쓴 유은실의 작품집이다. 표제작 「만국기 소년」을 비롯하여 「내 이름은 백석」, 「맘대로 천 원」, 「선아의 쟁반」, 「어떤 이모부」, 「손님」, 「보리방구 조수택」, 「상장」, 「엄마 없는 날」 등 모두 아홉 편의 단편이 실려 있다. 이 작품들에서 독자에게 말을 걸고 있는 유은실의 화자는 여느 동화들에서처럼 아이다. 그런데 그 아이는 어쩐지 여느 동화들의 아이와는 좀 달라 보인다. 이삼십 년 전을 거슬러 올라가면 어느 교실에나 한 명쯤 있게 마련인 모자라고 따돌림 받는 아이(「보리방구 조수택)」), 입시 경쟁에 치여 이리저리 흔들리는 소심한 아이(「상장」), 엄마 대신 치매에 걸린 할머니를 돌보는 아이(「엄마 없는 날」), 소비 욕망을 자제하지 못하는 이모와 그 이모를 흉보는 이모부 그리고 그 넋두리를 들어 주어야 하는 엄마 아빠의 처지를 구경하는 아이(「어떤 이모부」), 외할머니와 친할머니의 '세상에서 하나뿐인 금쪽같은 손녀' 노릇을 하며 갈팡질팡하는 아이(「선아의 쟁반」), 맘대로 쓸 수 있는 돈을 가질 수 없는 아이(「맘대로 천 원」), 읽을 책이 그것밖에 없어서 국기 책만 줄줄 외우도록 읽어 대는 아이(「만국기 소년」), 천재 시인 백석과 같은 이름을 가진 통닭집 아이

(「내 이름은 백석」)…… 「만국기 소년」의 진수와 「내 이름은 백석」의 백석을 제외하면 이 아이들은 대체로 평범하고 이미 여러 작가들이 많은 동화들 속에 등장시켰던 인물이다. 그런데 왜 그럴까? 이 아이들에게는 무언가 특별한 게 있다.

김지은이 잘 지적했듯이 (「다 털어놓는 아이들, 변증적 치유의 문학-유은실」, 『기획회의』 198호) 유은실의 동화는 하나같이 상처를 드러내고 있다. 상처를 드러내는 것은 유은실뿐이 아니고 동화뿐이 아니다. 문학은 상처를 드러내고 또 치유하는 일에 익숙하다. 그런데도 왜 유독 유은실의 동화에서는 상처가 두드러질까? 김지은의 해석은 이렇다.

어른의 상처가 어린이의 상처를 만들고 그 상처들은 세상의 상처들로부터 비롯된다는 건 어제 오늘의 이야기가 아니다. 다만 유은실의 동화에 나오는 문제 해결 방식과 어른 아이의 관계는 과거의 동화들과 조금 다르다. 이전까지 상처를 다루는 많은 동화가 보여 준 치유의 방식은 '극적인 해결'이었다. [……] 그런데 유은실 동화에서는 문제가 시원하게 해결되지 않는다. 작가는 종종 상처를 다 뒤집어 보여 주는 것으로 이야기를 마무리 짓는다. [……] 상처는 다스릴 수 있겠지만 흉터는 어떤 방식으로든 남는다는 것을 보여 주고서 슬쩍 자리를 피해 버린다.

정말 그렇다. 치매 걸린 할머니와 아이들만 남겨 두고 나가 버린 엄마는 소식이 없고(「엄마 없는 날」), 과소비 아내를 둔 이모부의 하소연에도 다들 그냥 도망가 버리고 만다(「어떤 이모부」). 기계적으로 세계 모든 나라들과 수도의 이름을 외우는 절대 평범치 않은 아이에게서 아무 눈치도 채지 못하는 담임 선생님은 갑자기 아이를 아픈 현실 속으로 불러들인다(「만국기 소년」). 어른들이 이렇듯 어리숙하고 대책 없는 대신 유은실 동화의 아이들은 어른들을 많이 봐준다. 친할머니와 외할머니 사이에 갈등이 생기지 않도록 눈치껏 처신하고(「선아의 쟁반」) 손님 앞에 잘 보이고 싶어 하는 엄마의 장단을 맞춰 준다(「손님」). 상처 받은 영혼을 가까스로 추스르며 살아가는 엄마를 이해하고 동생을 거두느라 삶이 버겁다(「맘대로 천 원」). 이렇게 믿고 의지할 만한 데가 없는 유은실의 아이들은 힘들고 속상하지만 그 아픈 속을 잘도 말로 표현할 줄 안다.

몸에서 기운이 다 빠져나간 것 같았다. 나는 행복하지 않았다. 고리 달린 샤프를 못 사서 속상하고, 나는 이렇게 돈이 없고 속상한데 엄마는 소주 사 먹어서 화가 나고 [……] 주머니 속에 천 원은 그대로 있는데 나는 꼭 천 원을 잃어버린 것만 같았다. (「맘대로 천 원」, 『만국기 소년』 47쪽)

말로 표현해서 뱉어 낼 줄 알기 때문일까 상처 받은 이 아이들은 상당히 건강해 보인다. 『만국기 소년』에 실린 이 단편들은 대체로 슬픈 이야기들이지만 아니, 슬픈 이야기일수록 독자를 웃기는데 그건 작가의 시선이 어딘가 아이와 어른의 중간 지대에 머물기 때문이 아닌가 싶다. 현실이 아니라 기억 속에서 불러들인 아픔은 비극보다는 연민에 가깝다. 서투르고 모자라고 가진 것 없는 어른들을 힘에 부치게 용서하느라 어른보다 더 어른스런 삶을 살아야 했던 아이가 제 안에 꽁꽁 싸매 두었던 억눌린 유년을 풀어놓는 듯한 유은실의 동화들은 그래서 아이들이 아니라 어른들에게 말을 거는 것처럼 보인다. 모든 것을 알고 있는 어른들, 미안해하고 이해해 줄 준비가 되어 있는 어른들을 향하고 있는 유은실의 어린 화자들은 아이와 어른의 중간 지대, 현실과 기억의 중간 지대에 집을 짓고 들어앉았다. 그 아이들이 그 집에서 너무 편안하고 행복한 나머지 자라지 않을까 걱정이 된다.

아이들이 어떻고 어른들이 어떻든 유은실 단편의 장점은 문학적 완성도에 있다. 작품마다 편차가 있기는 하지만 특히 「내 이름은 백석」과 같은 작품은 언뜻 현덕의 「나비 잡는 아버지」를 떠올리게 하는, 단편이라는 장르의 매력을 유감없이 보여 주는 수작이다. 소설과는 달리 동화에서는 아직도 문학적 함량보다는 '이야기'에 치중하는 경향이 있어서 긴 이야기는 장편, 짧은 이야기는 단편으로 되는 게 우리의 현실인데 문체와 테마가 세련되게 스미고 짜여서 독자에게 감동과 아름다움을 동시에 체험하게 하는 단편 빚어내는 솜씨는 이제까지 다른 작가들에게서 쉽게 찾아보기 힘들었던 이 작가의 강점이다.

**

　『이찬실 아줌마의 가구찾기』처럼 조심조심 다가서든 「내 이름은 백석」처럼 강하게 치고 나오든 이 작품들은 흔들리면서 꾸준히 진보하고 있는 우리 어린이문학에 뚜렷한 한 걸음을 더 보태고 있는 것만은 사실이다. 작품이란 작가가 자기 자신을 쏟아 붓는 것이기에 '주장'이 되기 쉽다. 그러나 어린이문학은 좀 다르다. 어른 작가들이 자기를 펼쳐 나가는 일에 있어서도 어린 독자들에 대한 '배려'를 놓쳐서는 안 된다는 점 때문이다. 역시 어린이문학은 어렵다.

아이들은
무엇으로
사는가

세상에는 많은 종류의 사람들이 있다. 가진 자와 못 가진 자, 배운 자와 못 배운 자, 남자와 여자, 머리가 긴 사람과 짧은 사람, 고기를 좋아하는 사람과 야채를 좋아하는 사람, 빨강색을 싫어하는 사람과 검정 색을 싫어하는 사람, 유행에 민감한 사람과 유행이라면 질색하는 사람 기타 등등 기타 등등…… 이런 식으로 사람을 '분류'하기 시작하면 한참을 더 할 수 있을 것이다. 그러나 자세히 들여다보면 그 어떤 구분도 그다지 확실하지 않다. 서로 다른 부류 사람들 사이의 교집합들에 현미경을 들이대다 보면 결국은 분류 자체가 무색해지기 십상이다. 아이와 어른도 그렇다. '인간은 언제까지 아이이고 언제부터 어른인 것일까? 아이와 어른은 확연하게 구분되는 존재인가?' 하고 생각하기 시작하면 인간이라는 존재가 아이에서 어른에 이르는 노정 어디쯤에 또렷한 단절면이 있는 것 같지 않다. 그럼에도 불구하고 현실에서 아이와 어른은 다르다. 달라도 한참을 다르다.

동화 작가들은 '어린이를 모른다, 동화 속의 어린 인물들은 관념으로 만들어진 것이다, 아이들이 좋아하는 작품이다, 이렇게 쓰여진 이야기를 아이들이 이해할 수 있겠느냐' 하는 식의 말들에 민감할 수밖에 없고 또 그래야 한다. 그러다 보니 한동안 '생활 동화'라는 이름으로 분류되는, 아이들의 생활을 고대로 받아 적은 것 같은 주제 의식마저 모호한 작품들이 넘쳐났다. 아니 아직도 넘쳐 나고 있다. 이런 현상은 동화 작가들이 어린이를 바라보는 시선에 혼란을 겪고 있다는 반증이다. 아이들이란 어떤 존재들인가? 동화를 읽고 쓰는 어른들의 영원한 숙제가 아닐 수 없다. 동화에 대한 고민은 동화 속에서 하는 게 맞다는 생각으로 요즘 나온 동화 두 편을 읽었다. 남찬숙의 『니가 어때서 그카노?』와 이현의 『짜장면 불어요』.

아이들의 특징 중 하나가 웃음이다. 그리고 그 웃음은 건강함이고 밝음이다. 확실히 아이들은 어른들보다 건강하고 웃음이 많다. 그러나 우리 동화들에는 유머가 드문 편이다. 그런 면에서 우선 남찬숙의 『니가 어때서 그카노?』는 반가웠다. 제목에서부터 진하게 풍기는 경상도 억양. 대사가 온통 경상도 사투리로 되어 있어서 다른 지방 아이들이 과연 제대로 이해할 수나 있을까 싶지만 유난히 직설적이고 투박한 경상도식 말투, 아래 글자의 자음과

슬픈 거인

윗글자의 모음을 겹치면서 단어를 줄이는 통에 받침은 별로 없고 격음이나 경음이 많아지는 경상북도식 사투리는 이 작품이 지니는 매력 중의 하나이면서 주인공 송연이의 성격을 부각시키는데도 한몫 단단히 한다. 이 작품에도 요즘 아동문학의 보편적인 소재가 되어 버린 경제적 파탄에 따른 가정의 위기, 이혼, 술 마시고 때리는 아버지가 등장하지만 작품 자체는 밝기만 하다. 늘 일등만하고 집안에 무슨 난리가 나든지 안동으로 공부하러 갈 생각에만 골몰해 있는 언니와는 달리 송연이는 성적은 만날 나머지 공부를 해야 할 정도로 바닥이지만 가족들에 대한 애정이 깊고 이웃들에 대한 관심과 배려가 넉넉한 아이이다. 그런 만큼 그때그때 상황에 참여하고 몰두하느라 바빠서 눈에 보이지 않는 것들에 대한 걱정 같은 걸 할 수가 없는 낙천적이고 건강한 아이다. 송연이는 또 속도 깊은 아이다. 아버지가 엄마 몰래 큰아버지에게 빌려준 돈 때문에 큰집의 경제적 파탄이라는 불똥이 자기 집에까지 튀고 엄마가 아버지를 원망하며 드러눕자 "엄마, 난 아부지가 밉다"고 말한다. 결국은 엄마로부터 "그래도 자슥이 돼가 아부지가 밉다 카는게 말이 되나? 너거 아부지 맘이 착해가 거절 못 하고 빌려준 거를. 형제간에 그라모 그런 부탁도 못 들어주나?"라는 대꾸를 얻어내고서야 씩 웃으면서 "엄마는 아부지가 안 미운갑네. 난 엄마가 아부지캉 말 안 해서 미워하는 줄 알았제" 하고 말하는 능청스러움도 보여 준다. 이러한 송연이의 밉지 않은 너스레는 크고 작은 근심사들을 주고받는 어른들에게 자주 웃음을 터뜨리게 만든다.

급기야는 고모로부터 이 담에 커서 뭐가 될는지 궁금하다는 말을 듣자 이렇게 답하는 송연이.

"고모, 걱정 마라. 언니도 뭐가 되겠지만 나도 뭐가 되긴 될 거다."

"니는 뭐가 될 건데?"

"아이 모른다. 낸중에 확실해지모 고모한테 제일 먼저 알려 줄게."

공부를 못해도, 집안에 우환이 들어도, 목표 의식이 분명한 언니한테 열등감을 느끼면서도, 단짝 친구가 서울로 가 버리자 소외감을 느끼면서도 좌절감에 빠지지 않는 송연이는 오히려 서울 가서 적응 못 하고 긴긴 편지를 보내는 친구 경순이를 걱정한다.

"가시나도 무신 편지를 그래 길게 썼나? 읽다가 숨넘어가는 줄 알았다…… 근데 니 와 그래 힘들어하노? 나도 속상해 울 뻔했다 아이가…… 기철이도 그렇고 언니도 그렇고 보면 다들 똑똑하고 자기가 앞으로 뭐 하고 싶은지 분명한데 난 와 분명한 게 하나도 없는지 모르겠다. 되고 싶은 것도 없고, 잘하는 것도 없고, 매일 헤헤거리기나 하고. 나도 내가 참 한심하데이…… 니도 아직 니가 뭐가 될지 모르제? 그래도 우리 기죽지 말자. 아직 시간이 안 있나? ……뭐든 되자. 그게 뭐가 되든…… 나쁜 사람만 안 되면 되지 않나?"

슬픈 거인

맞다, 아이들한테는 아직 시간이 있다. 뭔가 결정되어야만 하는 인생이란 아이들에게는 아무래도 미래형인 것이다. 미래형인 만큼 아이들은 알지 못하는 게 많고 알지 못하기 때문에 허무나 허탈에 빠지기는 어려운 것이다. 다행히도!

송연이보다 훌쩍 큰 아이이기는 하지만 「짜장면 불어요!」의 주인공 박기삼도 끊임없이 독자를 웃긴다. '근래의 우리 아동문학이 창조한 가장 매력적인 캐릭터'로 떠오를 것이란 극찬을 받고 등장한 철가방 철학자 박기삼. 기삼이라는 인물은 청산유수로 쏟아지는 말, 말, 말, 그리고 그 말 속에 들어 있는 철가방에 대한 '전문적'인 식견과 삶에 대한 날카로운 통찰로 빛난다. 어려워진 집안 형편 때문에 나이를 속이고 짜장면 배달을 하려는 용태가 첫날 만난 기삼이는 자기소개부터 범상치 않다.

"운칠기삼의 기삼, 알지? [……] 운칠, 운이 70프로고 기삼, 기술은 30프로다, 이런 뜻이지. 돈을 따는 건 결국 기술보다는 운이더라, 이거야. [……] 운을 갖고 태어난 사람들 [……] 부모가 돈이 많든지 빽이 좋든지 [……] 그런 운칠이들은 인생을 70프로의 확률로 [……] 우리 같은 사람들은 30프로의 확률로다 사는 거지."

기삼이의 자기소개에 정신이 나간 용태가 어리벙벙한 채 '불어 터진 면발같은 소리'만 하자 시작된 철가방 철학 강의는 이라크 전쟁과 환경오염, 농산물 수입 개방, 스크린 쿼터, 국가의 분단 현실을 두루 거치면서 끝없이 이어진다. 아파트, 사무실, 학교, 관공서, 백화점, 청와대, 연극무대 뒤, 월드컵 경기장, 논두렁, 강변, 바닷가, 공원, 심지어 달리는 기차에 이르기까지 철가방의 발길이 안 미치는 데가 없다며 자신이 '이 세계에 평화를 배달하는 일'을 하고 있다는 기삼이의, 우리 아동문학에서 유례를 찾기 힘든 입담은 '전 국민이 아끼고 사랑하는 짜장면'이 탄생한 날을 국경일로 정해야 한다는 대목에서 절정을 이룬다.

"시청자 여러분 안녕하십니까. [……] 중국집 배달원들의 서명운동으로 제정된 제1회 짜장면의 날을 맞아 전국 각지에서 많은 행사가 열렸습니다. [……] 또 뜻있는 시민들의 전화 주문으로 고아원, 양로원 등 복지시설에서도 하루 종일 짜장면 냄새가 끊이지 않았습니다. 오늘 청와대에서 열린 3당 대표 회담 역시 짜장면을 앞에 두고 열렸습니다. [……] 유명 시인들이 앞다투어 짜장면에 대한 시를 낭송했으며, 가수들의 축하 공연도 이어졌습니다. [……] 냉면, 수제비, 떡볶이, 삼겹살 등 다른 인기 음식을 판매하는 일부 상인들의 반발이 있긴 하지만, 여론조사 결과 짜장면의 날은 90%에 달하는 지지를 얻고 있는 것으로 밝혀졌습니다. 앞으로 짜장면의 날은 추석, 설과 함께 민족 고유의 명절로 자리 잡게 될 것 같습니다. 지금까지 MBS 뉴스 김운칠입니다."

빨강색으로 염색한 머리에 촌스러운 티셔츠, 찢어진 청바지를 입은 나이 많은 형을 경계하던 용태는 수돗물을 틀어 놓은 듯 콸콸 쏟아지는 기삼이의 수다에 눈물까지 훔쳐 대며 웃어 댄다. 아닌 게 아니라 박기삼의 인생에 대한 날카로운 통찰과 속 시원한 풍자는 읽는 이의 속이 다 시원해지게 만든다. 소외된 자들의 삶에 연민의 눈길을 보내거나 정치적 올바름이라는 잣대를 들이대지 않고 '운칠이'들의 기득권을 인정(?)하고 출발하는 돈 없고 빽 없는 '기삼이' 식의 전혀 다른 생의 비전은 확실히 상식을 뒤집고 편견을 깨는 데가 있다. 더 많이 가지고 더 높은 곳으로 오르기 위하여 오늘도 열심히 일하고 공부하는 것이 미덕이라고 가르치고 배우는 세태의 허를 찌르는 데가 있다. 그러나 기삼이의 철가방 철학에 웃을 수 있는 것은 아무래도 어른들이다. 상식도 편견도 어른들은 이미 만들어서 가지고 있기에 깰 수도 있고 통쾌해할 수도 있지만 아직 가치관이 정립되지 않은 아이들, 아직 무엇이 되어 본 적도 없고 실패를 해 본 적도 없는 아이들은 다르다. 「짜장면 불어요!」뿐만 아니라 이 작품집에 실린 다른 단편들 역시 안타깝게도 아이들보다는 어른들이 좋아하는 작품이 되어 있다.

패기 있어 보이는 신인 작가 이현의 등장은 무척 반갑다. 머리로든 가슴으로든 강렬하게 파고드는 글보다는 성실하게 조심조심 만들어 나간 작품들이 대부분인 우리 아동문학 판에 이현이 보여 주는 만만찮은 문학적 역량은 앞으로 잘 뻗어 나가야 할 소중한 무엇으로 보인다. 비유하여 말하자면 대부분의 동화 작가들이 재료를 다루고 형상화하는 일에 모종의 법칙을 배워 익히려는 경향이 강한 반면 이현은 서투름 두려워하지 않고 제멋대로 신명나게 휘두른 재료로 형상을 쓱쓱 빚어내는 힘이 있어 보인다. 대개의 동화 제목들이 설명하려는 강박이 있어 보이는데 비해 「우리들의 움직이는 성」, 「3일 간」, 「봄날에도 흰곰은 춥다」, 「지구는 잘 있지?」와 같은 이 작가의 제목들은 단단한 함축미가 있다. 「3일 간」 같은 작품에서 시도한 시점의 변주는 강력한 매듭과 생략을 구사하는 아름다움을 보여 준다. 서양에서는 비교적 흔하고 우리나라에도 번역된 수지 모건스턴의 『딸들이 자라서 엄마가 된다』 혹은 오미경의 『교환일기』처럼, 같은 이야기를 두 개 이상의 시점으로 보여 주는 이야기 중에서 「3일 간」만큼 탄탄한 구성을 보이는 작품은 흔치 않다. 또한 미야자키 하야오의 『하울의 움직이는 성』을 차용하면서도 '움직이는' 이라는 형용사에 새로운 뉘앙스를 더하고 '성'을 하나의 소리, 두 개의 뜻(城 과 性)으로 사용한 「우리들의 움직이는 성」은 역시 빼어난 제목이다. 최근 유은실의 『나의 린드그렌 선생님』으로 대표되는, 텍스트와 텍스트가 섞이면서 의미가 확장되고 또 다른 의미가 태어나는 풍요로움을 구사하고 있는 이 작품은 아이들의 '성'문제를 다루고 있다. 그러나 이처럼 아이들이 솔깃해할 테마를 건드린 이 작품도 과연 아이들의 공감대를 크게 얻어 낼 수 있을까 싶다. 왜 그럴까? 이야기가 사실임 직하다거나 그렇지 않다, 혹은 등장인물이 현실에서 만남 직한 아이

슬픈 거인

거나 그렇지 못하다는 얘기가 아니다. '성'문제야 말로 '성인용'과 '아동용'을 가르는 가장 민감한 잣대가 아닌가.

IT 최강국이라는 우리나라에서 아이들에게 '성인용' 영상을 원천 봉쇄할 방법은 현재로서는 불행히도 없어 보인다. 쏟아지는 스팸 메일의 유혹에서 완전히 자유로운 아이가 몇이나 될까. 그런 처지에서 아이들만 일방적으로 나무라는 건 분명 옳은 일이 아니다. 중·고등학교는 물론 초등학교, 심지어 유치원과 그림책에서까지 성교육이 이루어지고 있지만 그것은 또 하나의 '지식' 교육이 되고 있을 뿐이다. 성에 대한 우리 사회의 폐쇄와 개방의 극단을 오가는 혼란은 가관이다. 대학에 순결학과가 생기는가 하면 길거리에 돌아다니는 버스에 부착된 핸드폰 광고에까지 선정적인 문구와 에로틱한 사진이 대문짝만 하게 담겨 있다. 이 와중에 아이들은 과연 성을 어떻게 이해할까? 몇 년 전 텔레비전 시사 프로그램에서 초등학생들의 포르노 영상 경험을 취재한 프로를 본 일이 있다. 어떤 아이의 대답이 나를 안심(?)하게 했고 웃지 못하게 만들었다. 그런 영상을 보면 어떤 기분이 드느냐는 등의 도식적인 질문 후에 이어진 기자의 질문에 나는 잠시 긴장했었다. 그 기자는 대답하던 아이에게 여자 친구와 그렇게 하고 싶냐고 물었던 것. 아이의 반응은 말도 안 된다는 식이었다. 자기가 좋아하는 여자 친구한테 어떻게 그런 '짓'을 할 수가 있느냐는 것이었다……. 이런 게 아이들이다. 성과 사랑을 연결시켜서 생각할 줄을 모른다. 당연하다. 그것은 아이들의 체험 범주를 벗어나는 일이니까. 사춘기가 되어 몸의 변화가 생긴다고 해도 마찬가지다. 사랑의 감정 속에서 싹트는 정신의 혼란이 곧바로 몸의 행동으로 이어지지는 않는다. 우리 아이들이 받는 성교육은 임신의 원리와 예방(?)에 치중하고 있는 듯하다. 서구와는 다른 우리들의 생활 속에서도 아이들은 '성'이 '사랑'의 행위라는 것을 배울 기회가 거의 없다. 상황이 이렇다 보니, 「우리들의 움직이는 성」은 작품이 지닌 많은 장점에도 불구하고 정작 작가가 하고 싶었을 아이들의 '성'에 대한 이야기 초점이 어긋나 버린 까닭에 아이들에게 '이상하다'는 반응을 얻곤 하는 것이다.

아이들은 과연 무엇으로 사는 것일까? 「3일 간」의 희주가 쉽게 잊혀지지 않는다. '인생은 불공평한 거라고' 생각하는 희주와 '불행은 나와 어울리지 않는다고' 생각하는 윤서의 생에 대한 인식 수준이 같을 수는 없을 것이다. 복잡하고 어려운 환경에서 아이들은 빨리 철이 든다고 흔히들 말한다. 그러나 3일 간에 걸친 윤서의 가출 해프닝(?) 이야기의 윤서 시점 마지막 부분을 보면 간이 서늘해져 온다.

희주는 어둠이 삼켜 버린 뒷산을 하염없이 바라보며 말이 없다…… 나는 어둠이 무섭다. 희주가 나를 향해 천천히 고개를 돌렸다. 희주의 하얀 눈자위가 까만 어둠 속에서 반드르르 윤을 내며 번득인다.

미학적 긴장으로 이어지는 그 서늘함은 희주 시점 이야기의 다음과 같은 마지막 부분과 공명을 일으킨다.

나는 가슴을 부풀려 숨을 들이마시고 과학실 문을 열었다. 창가를 향해 섰던 선생님이 나를 돌아보았다. 예감이 들어맞았다. 가운데 테이블에 기다란 몽둥이 하나가 놓여 있다.

가진 것 많은 윤서가 부모의 갈등으로 괴로워하는 것쯤이야 가진 것 없는 희주에게는 엄살로 보일 수밖에 없을 것이다. 그러나 희주 또한 윤서와 같은 '아이'이다. 그것도 평소에 친하게 지내는 친구 사이다. 아이들이란 어른과 달라서 순간을 산다. 서로 다른 환경 따위는 순간순간 잊어버릴 수 있는 게 아이들이라서 생각과 행동에 일관성이 없어 보이는 것이다. 그런데 희주, 이 아이는 말과 행동에 너무나 일관성이 있다. 그뿐 아니다. 비관적인 인생관은 집요하기까지 하다. "가출은 윤서가 하고, 매는 내가 맞는 거야. [……] 난 날라리로 찍힌 채 중학교에 가게 되겠지. [……] 이게 내가 맡은 역할이야. 인생에서 나에게 주어진 역할이라고. 언제나 악역을 맡는 못생긴 배우인 셈이지. 난 잘 알아. 그리고 익숙해."

어른인 우리에게라면 그야말로 '익숙'한 대사다. 하지만 인생을 연극에 비유한다 해도 아이들은 아직 발단 부분을 연기하고 있을 뿐 아닌가 말이다. 그 뒤로 이어질 전개와 절정으로 치닫고 대단원으로 맺어질 기다란 시간 동안 얼마든지 많은 변화가 일어날 수 있지 않은가 말이다. 그러나 마치 세상에 복수라도 하듯이 윤서에게 가출을 권하는 희주는 어려운 환경이라고 일찍 철이 들기는커녕 어른들이나 맛보는 허무와 슬픔을 먹고 자라고 있다. 삼 일 간, 그 모든 것을 그저 바라보기만 했던 영선이도 갑자기 아이다움을 잃어버리긴 마찬가지다. "삼 년 동안 진실이라고 믿어 왔던 모든 것이 한꺼번에 모래성처럼 허물어져 버렸다. 먼지처럼 날아가 버렸다. 마치 폭풍이 휩쓸고 간 폐허 위에 혼자 버려진 것만 같다."

모든 것이 허물어지고 날아가 버린 폐허 속에서 이 아이들은 어떻게 살아갈 것인가. 며칠 혹은 몇 년 사이에 아이들이 이렇게 어른스러워(?)진 반면 어른들은 유치하기 짝이 없다. 다음은 윤서의 가출사건으로 만난 담임 선생님과 윤서 엄마의 대화 한 토막.

"몇 번 가까이 지내지 말라고 얘기했지만 윤서가 말을 듣지 않더군요…… 아빠는…… 막노동…… 다리를 저는 모양…… 사람이 엉망이 되어서 노숙자처럼…… 술 취해서"
"어떻게 자기 자식을 그렇게 내팽개치는 거죠? ……이해가 안 가네요"

"걔 오빠는 가출을 밥 먹듯이 한다고…… 뭘 보고 배우겠습니까."

"친구는 가려서 사귀는 거라고."

도덕적으로 올바르지 않은 어른들이 많다는 건 안다. 편애하는 선생님, 비교육적으로 처신하는 학부모나 교사들이 많다는 것도 안다. 대사만으로 많은 것을 처리하려고 했기 때문에 무리가 일었던 것일까, 지식인에 속하는 이 두 사람(윤서 엄마는 대학 강사에 화가로 설정되어 있다)의 대화는 수준 이하다. 영선이와 윤서와 희주가 어른 같고 윤서 엄마와 담임 선생님은 애들 같다. 아이들은 무엇을 믿고 살 수 있을까?

대도시 서울과 경상도 지방의 조그만 시골 마을이라는 공간적 배경의 차이는 있지만 이현이 만들어 내는 아이들과 남찬숙이 만들어 내는 아이들, 아니 어른들에도 커다란 차이가 있다. 남찬숙표 인물들이 하나같이 착한 것은 사실이다. 그의 인물들은 행과 불행이 복잡하게 얼룩진 생활 속에서도 부모를 공경하고 이웃을 배려하는 속 깊은 정을 나눈다. 기철이의 행동과 판단으로 이혼하려던 엄마까지 마음을 돌리는 결말은 확실히 인위적인 해피 엔딩처럼 보이기는 하지만 작품 전체에 걸쳐 흐르는 인간성에 대한 신뢰와 건강한 삶의 추구는 그다지 무리가 없다. 반면 이현의 인물들(아이들)은 허무의 바탕 위에 아슬아슬하게 서 있다. 그의 작품집 속에서 그나마 동화처럼 보이는 것은 공상 과학적인 작품 「지구는 잘 있지?」가 아닐까 싶다. 동화는 아이들을 독자로 삼는 작품이니 만큼 아이들이란 어떤 존재인지에 대한 깊은 이해와 또한 배려가 있어야 하지 않겠는가. 허무라니……. 어른인 내게는 익숙하고 진실하게까지 보이는 이 감정은 아이들을 위해서는 여전히 걱정스럽다. 아이들에겐 사물의 이면을 보는 눈이 없고, 현상의 배후를 짐작할 수 있을 만큼의 경험치가 없지 않은가. 허무란 '끝난 후'에 느낄 수 있는 감정인데 반해 아이들은 무언가의 '끝'에 도달하기엔 아직 너무 멀리 있는 존재들이 아닌가. 나이와 상관없이 아이들도 어른들 책을 읽을 수 있다. 그래도 어린이문학은 일반 문학과는 다르다고 할 때 동화 작가들이라면 아이들은 무엇으로 사는지, 어떻게 살아야 할지에 대해서 충분히 고민하는 것이 맞다. 문학적인 완성도와 어린이, 두 마리 토끼를 잡아야 하는 어린이문학은 역시 어렵다.

슬픈 거인

혼란 속에
흔들리며
피는 꽃

장유유서의 전통은 사라진 지 오래고 '어린이'라는 말의 등장과 함께 아이들 존중이 시작된 것도 반세기를 훌쩍 넘겼다. 언제부터인가 불어 닥치기 시작한 교육 열풍과 함께 아이들은 어느 가정에서나 '왕'이 되어 있고 어른들은 아이들을 이해하려고 끊임없이 노력해야 하게 되었다. 이제 아무도 아이들에게 어른들에 대한 '도리'를 말하지 않는다. 대신 아이들의 유행어를 알아듣고 아이들의 반항과 일탈을 따라잡는 어른이 열린 인간으로 대접 받는 세상이 되었다. 아이들은 더 이상 어른들로부터 무언가를 배우려고 하지 않는다. 그러나 과연 그래도 되는 걸까? 왜 아무도 아이들에게 어른들을 이해하고 존중하라고 말하지 않는 걸까? 이런 세태의 변화는 우리 창작 동화들에 고스란히 투영되어 나타나고 있다. 길지 않은 한국 아동문학의 역사는 어린이의 삶을 담아내고자 하는 노력으로 진화를 거듭하고 있다. 우선 동화가 문학의 본

질이나 어린 존재들의 현실과는 상관없는 관념의 유희 속에서 해방된 것은 역시 권정생과 이오덕의 덕분이다. 그러나 그들의 민족적 사명감은 또 다른 의미에서 아이들의 삶을 외면하는 결과를 낳았다. 급격하게 변화하는 '재미있는 지옥' 속에 살고 있는 우리의 아이들은 정치적으로 올바른 어른들로부터의 해방이 필요했다. 황선미의 『나쁜 어린이표』가 거둔 대중적 성공은 그 반증일 것이다. 동화 속에서 비로소 아이들은 스스로 생각하고 말하기 시작했던 것이다. '일하는 아이들'이라는 이데올로기에 눌려 있던 '생각하는 아이들'이 제대로 숨을 쉬기 시작하자 어린이문학은 다채롭고 유쾌해지기 시작했다. 많은 신인들이 태어나고 주목 받기 시작했다. 채인선(『전봇대 할아버지』), 임정자(『어두운 계단에서 도깨비가』), 김리리(『왕땅콩 갈비 게으름이 욕심쟁이 봉식이』), 김옥(『학교에 간 개돌이』) 등이 이제껏 우리 아동문학에서 보지 못했던 새로운 상상력을 펼쳐 놓자 이념 지향적이던 리얼리즘 계열의 작품들은 '생활 동화', '사실주의 동화', '현실 동화' 등의 이름으로 불리면서 양산되기 시작했고 평론가들도 그 경향들을 정리하기에 바빠졌다.

90년대 후반, 바야흐로 한국 아동문학은 또 다른 전성기를 맞는 것처럼 보였다. 4대 일간지가 두세 면씩 할애해서 화려하게 아동문학을 조명하는 경쟁을 시작했고 신문 칼럼에서 소개한 책은 하루에도 2-3000부씩 팔려 나간다는 소문이 돌았다. 그러자 불황

슬픈 거인

속에서 고전하던 중견 출판사들은 너나없이 어린이문학에 눈을 돌렸고 새로운 출판사들도 속속 생겨났다. 급기야 서점 수보다 출판사 수가 더 많아지는 웃지 못할 현상이 생겨 버렸고 이름을 알 만한 동화 작가는 물론 책을 한두 권 출판한 적이 있을 뿐인 신인 작가들까지 출판사들의 작가 섭외 경쟁에 시달리게 되었다. 이런 기현상 속에서 작가들 사이에선 10권, 20권의 작품 계약서를 썼다는 말이 유행처럼, 소문처럼 번졌다. 당연히 작가들은 피폐해졌고 작품은 고갈되어 갔으며 신문들은 서둘러서 어린이 책 지면을 전체 북 섹션 속으로 축소, 흡수, 통합하였다. 어린이 책 전문 기자를 꿈꾸던 몇 안 되는 사람들은 발 빠르게 진로를 수정했으며 몇 개월에 한 번씩 바뀌는 어린이 책 담당 기자들은 당연히, 양이 많은 장편 동화나 청소년 소설보다는 그림책을 기사화하기 좋아했다. 날로 화려해지는 편집과 디자인은 신문도 예외가 아니라서 그림이 없는 고학년 책과 청소년 책이 신문에 소개될 때면 출판사들은 신문사의 그림 요청에 속수무책이 되고, 기자들도 울며 겨자 먹기로 그림 있는 책을 메인으로 잡게 되는 불합리한 상황이 벌어지고 있다. 그래서 그런 걸까, 우리나라 출판사들은 어린이 책에는 꼭 그림이 있어야 한다고 생각하는 듯하다. 외국 책을 번역 출판할 때도 그림이 없는 책에는 우리나라 화가의 일러스트레이션을 따로 발주한다. 그런 풍경에 익숙해지다 보니 외국의 원서를 보면 요즘 나는 그들이 책을 너무 성의 없이 만드는 거 아닌가 고개가 갸우뚱해지는 지경에 이르렀다.

어린이 책에서 일러스트레이션은 당연히 중요하다. 어린이 책 일러스트레이션만이 가질 수 있는 독특한 매력이 있다. 그러나 또한 작품의 이미지를 훼손할 수 있는 것도 일러스트레이션이다. 문학작품이란 원래가 독자가 읽으면서 마음에 그림을 그리게 되어 있다. 그 그림은 독자마다 다르게 그려진다. 잘 그려진 일러스트레이션은 텍스트를 더욱 풍성하게 만들어 주지만 그렇지 못한 일러스트레이션은 독자가 저마다 가슴 속에 그려 나가는 이미지를 방해한다. 그런 만큼, 단순하고 솔직해서 용감한 아이들은 가끔 작가에게 '그림이 틀렸다'고 말하기도 한다. 우리나라 어린이 책 시장을 눈여겨보면, 일러스트레이션이 어린이 책에 일정한 흐름을 만들어 내고 있다고 해도 과언이 아니다. 원고지 2-30매 분량의 단편 동화가 풍성하고 아름다운 일러스트레이션을 곁들여 한 권의 단행본으로 출간되고 그런 책들이 아동문학에 주는 상의 심사 대상이 될 때는 동화로 분류되어야 하는가 그림책으로 분류되어야 하는가에 대해서 심사 위원들 간에 논쟁이 벌어지는 일도 생겨났다. 점점 디자인과 광고가 우리를 현혹하는 세상 속에서 '작품' 뿐만 아니라 책이라는 '상품'으로서의 가치가 중요하게 부각되는 것은 어쩌면 당연하다. 얇고 크고 아름다운 책들이 어린이 책 독자들을 즐겁게 해 주는 것을 비난할 생각은 없다. 그러나 그 역기능을 우려하지 않을 수 없다. 전문가들이나 일반 독자들이나 할 것 없이 어린이 책이라면 당연히 그림이 많은 것이라는 생각이 지배적이 되는 것은 그렇다 치자. 그림 수급이 되지 않아 책 만들기 어려운 것도 또 그렇다 치자. 그러나 함량 미달인 원고도 고품질 일러스트레이션으로 업그레이드 시킬 수 있다는 편집자들의 발상은 심히 우려되지 않는가.

어린이문학의 각종 거품이 거론되면서 일러스트레이션의 거품도 지적되고 있는 것은 올바른 일이다. 그러나 거품은 쉽게 없어지지 않는다. 이번에는 논술 거품이다. 대학 입시에서 논술의 비중이 커지자 당연히 책 읽기의 중요성이 강조되고 초등학생은 물론 유치원생부터 책읽기 열풍에 휩싸이고 있다. 책 읽는 교육사회 실천 협의회에서부터 독서 인증 제도, 아침 독서 운동에 이르기까지 대다수 아이들을 상대로 물량 공세가 시작된다. 우리 사회의 많은 일들이 그렇듯이 준비되지 않은 상태에서 밀어붙이기 식으로 일이 진행되다 보니 논술과 독서를 가장 빠르게 연결시키는 방법은 아무래도 '문제'를 다룬 책 중심으로 독서를 권장하는 일이 되어 가고 될 수밖에 없는 걸까. 바야흐로 아동문학이 각종 '문제' 전시장이 되어 버린다. 가난 문제는 오히려 좀 철지난 느낌이 있고, 왕따 문제를 비롯한 학교 폭력 문제, 아동학대 문제, 성폭력 문제, 남녀 차별 혹은 평등 문제, 장애인 문제, 교사의 편애 문제, 부모의 이혼, 연애, 재혼 문제, 한 부모 가정 문제, 호주제 문제, 외국인 노동자 문제, 입양아 문제, 문제, 문제들! 한때 아이들에게 아름다운 것만 보여 주고 올바른 말만 하느라 구름에 뜬 것 같은 세상을 편집해서 보여 주던 아동문학에 대한 당연한 반작용이라고 이해를 하려고 해도, 문학이 사회적 소수와 약자의 목소리를 담아 내는 것은 그 본연의 임무라고 생각을 해도 그 피상적인 문제들의 행진을 평탄한 마음으로 읽어 낼 수가 없다.

시간을 축으로 계산하자면 장르를 불문하고 '작품'만큼 느리 고 비효율적으로 생산되는, 아니 되어야 하는 것도 없을 것이다. 하나의 물음 혹은 문제가 한 개인의 내면에서 오랫동안 둥지를 틀 었다가 자기 색깔을 찾고 알맞은 형태를 띠고 바깥으로 나오는데 걸리는 시간은 급변하는 세상 속에서 끊임없이 재생산되는 사회 적 이슈들의 운동 속도를 도저히 따라잡을 수 없다. 물리적으로 그렇다. 그러나 '한국인의 불가사의한 순발력'은 동화를 쓰는 일 에도 적용되는 것일까. 이혼율이 세계 1위니 2위니 하는 통계가 보도되기 시작하면서부터 부쩍 늘기 시작한 '이혼 동화'들은 작년 까지만 해도 신춘문예를 비롯한 각종 아동문학상에 투고되는 원 고량의 80%에 달한다는 말이 나돌 정도였다. 이런 식으로 테마 를 강하게 내세우는 동화 중에는 물론 잘된 작품들도 꽤 있다. 그 러나 또한 서둘러 '교과서'에 편입되느라 문제성만 확인되고 작품 성이 전혀 확인되지 못한 작품들도 더러 있다. 그럼에도 불구하고 그 파급효과는 놀랍다. 교과서의 힘이라니! 교사들은 부모들은 그 리고 아이들은 무엇을 믿어야 할까?

작가들도 출판사들도 앞다투어 급변하는 독서 현실과 교육

정책에 적응하느라 바쁜 와중에 착실하게 성장하여 어린이문학의 든든한 후원자가 되어 주는 사람들이 있다. 바로 독자들이다. 2-30년 전만 해도 어린이 책을 아는 독자들은 거의 없었다. 어린이도서연구회(이하 '어도연')가 열심히 뛰어 준 덕분에 동화에 대한 사회적 인식이 달라졌지만 몇 년 전까지만 해도 어도연의 목록을 들고 책방을 찾는 독자들이 대부분이었다. 학교 도서관을 비롯하여 공공 도서관에서 구입하는 도서는 어도연의 추천도서 목록에 의지하고 있었는데 시간이 지나면서 그 부작용이 만만치 않아졌다. 다행히도 이제는 추천 도서 목록들이 다변화되었고 더 이상 추천 도서 목록에 의존하지 않고 자신의 취향과 시각을 갖춰 나가면서 책을 읽는 독자들이 많아졌다. 인터넷 서점의 서평 코너를 비롯, 여러 온라인 매체에서 활동하는 열성 독자들은 문단 안팎의 어떠한 권력으로부터도 자유롭게 작품을 읽고 옥석을 가려 내고 있다. 성숙한 독자들이 계속해서 늘어난다면 평론가들이 극찬한 책이나 신문에서 홍보하는 책보다 입에서 입으로 전해지는 책의 수명이 길어지는 날이 올지도 모르겠다. 또한 문화예술진흥원은 얼마 전부터 지속적으로 작가들에게 창작 지원금을 나눠 주고 있으며 각종 문학상들도 속속 생겨나고 있다. 겉으로만 보자면, 숫자에만 집중하자면, 너무 오랫동안 방치되고 소외되어 있던 아동문학이 제대로 번영기를 맞은 듯이 보인다. 그러나 과연 그럴까? 속내를 알고 보면 씁쓸하고 쓸쓸하고 암담하다. 문학상이라는 것이 많은 부분, 이미 만들어지고 검증된 책에 대해서 주는 것

이 아니고 출판사들이 주관하는 원고 공모이다 보니 소문난 잔치
가 되기는 하는데 종종 먹을 게 없기도 하다. 그러나 다행히도 화
려하게 등장해서 베스트셀러가 되는 책들을 실시간으로 비판하는
젊은 비평가 그룹들도 함께 생겨나고 있다. 꾸준히 담론을 형성하
고 신진 비평가를 키워 내는 『창비 어린이』, 『어린이와 문학』 같은
잡지들이 있기에 가능한 일이다.

『어린이와 문학』 2007년 2월호에는 유영진, 김지은, 여을환,
박숙경이 참여한 2006년에 나왔던 창작 동화들에 대한 좌담이 실
려있다. 『창비 어린이』 2007년 봄호에는 2006년에 발표된 단편
들을 대상으로 한 '어린이문학다움'에 관한 글이 실려 있다. 역시
『어린이와 문학』 2007년 1월호에는 2006년에 나온 청소년 소설
에 대한 이재복, 김경연, 임정자 등의 좌담이 실려있다. 풍성하다.
그만큼 2006년은 우리 작가들의 활동이 두드러졌다는 뜻이리라.
김남중의 『자존심』, 박관희의 『힘을 보여주마』, 이현의 『짜장면 불
어요』, 유은실의 「기도하는 시간」, 선자은의 「고물성을 지켜라」,
안미란의 『너만의 냄새』, 최나미의 『걱정쟁이 열세 살』, 김옥의
『청소녀 백과사전』, 임태희의 「내 꿈은 토끼」, 김양미의 『찐찐군
과 두빵두』, 신여랑의 『몽구스 크루』, 이경화의 『나의 그녀』 등등
많은 작품들이 언급되고 있는데 대부분 신인 작가들이다. 우리 어
린이문학에 신인이 이렇게 많았던 적이 또 있었을까? 신춘문예를
통하거나 잡지에 단편을 싣거나 원로 문인의 추천을 받는 등 일정

한 절차를 거쳐야 했던 과거의 관행과는 달리 책을 출판하는 일이 쉬워진 탓도 있고 동화에 대한 수요가 워낙 넘치다 보니 수요 공급의 자연스러운 법칙에 따라서 동화 작가들이 많아지는 탓이기도 할 것이다. 신인들에게는 신인들 특유의 열정과 패기가 있다. 때로 거칠고 허술하기도 하지만, 또 반대로 잘 다듬어졌지만 진정성이 없어 보이기도 하지만, 대체로 모든 게 풋풋하다. 그런 만큼 그들의 작품이 만들어 내는 새바람은 신선하기만 하다. 다양한 주제 의식, 세련된 동화 문법, 어린이의 인식 수준과 사고 능력에 대한 정확한 이해, 깔끔한 문체, 집중적인 취재를 통해 아이들 곁으로 성큼 다가가는 성실성, 상투적이지 않은 상상력과 풍자 정신 등등 이들 하나하나가 그동안 고만고만한 작품들을 양산해 내면서 침체되어 있던 우리 창작 동화에 상쾌한 활기를 불어넣고 있다.

위의 좌담에서 김지은이 잘 지적했듯이 '주인공의 내면적 성장에 대해 철저하게 파고드는 것을 소설화 경향'이라고 할 수 있을 것이다. 이원수 식으로 다시 한번 말해 보면 인물이나 정경의 디테일에 대한 묘사가 없고 줄거리에 치중하는 것이 동화다. 안미란의 『너만의 냄새』가 동화로 읽히기 어려운 이유가 여기에 있다. 감각에든 관념에든 집착하면 동화의 생명인 간결함을 잃게 된다. 동화는 어려운 이야기도 복잡한 이야기도 할 수 있지만 핵심을 찔러서 간결하고 정확하게 표현해서 어린이 독자에게 가닿을 수 있어야 한다. 신인들의 대거 등장으로 인해서 다양한 시도들이 나타나고 과거의 정형화된 틀을 깨고 개성적인 작품을 만들어 내려는 노력들 자체는 높이 살 만하지만 때로는 작가들이 어린이 독자를 위해서 쓴다기보다는 어른인 자신의 내면에 있는 것들을 가능한 많이 표현하고 싶어 하는 것처럼 보인다. 또 남과 다른 이야기를 만들어 내고 싶은 의욕, 지루함을 피하고 아이들에게 강하게 다가가고 싶은 욕심은 작품을 점점 자극적으로 만들기도 한다. 그런 점에서 강정연의 『바빠가족』의 등장은 무척 반갑다. '바쁘다 바빠'를 외치면서 사는 현대인들의 삶에 대한 유쾌한 풍자인 이 동화는 아이들의 이야기가 아니지만 저학년 아이들 정도면 무리 없이 즐겁게 읽을 수 있다. 우리나라 창작 동화에는 감동을 주고 눈시울을 적시게 하는 작품은 많지만 웃게 만드는 작품은 그다지 많지 않다. 이현주의 『아기 도깨비와 오토 제국』처럼 웃음은 역시 풍자를 동반할 때 성공적인데 엄숙하고 진지하고 순응주의적인 정서가 지배적인 우리 풍토에서는 아무래도 나오기 어려운지 풍자적인 작품은 아주 드물다. 그런 의미에서 더더욱 임태희의 『내 꿈은 토끼』와 김종렬의 『길모퉁이 행운돼지』가 보여 주는 서늘하고 통쾌한 풍자, 그리고 유은실의 작품들에서 언뜻언뜻 내비치는 유머, 또 최나미와 남찬숙이 보여 주는 아이다운 건강함이 귀하고 반갑다. 유머나 풍자와 함께 우리 동화에 또 귀한 것이 판타지다. 판타지가 꾸준히 시도되고 있기는 하지만 역사와 신화의 세계에서 벗어나지 못했었는데 김혜진의 『아로와 완전한 세계』나 이성숙의 『화성에서 온 미르』, 오진원의 『플로라의 비밀』, 박용기의 『64의 비밀』은 이전의 판타지 작품들과는 사뭇 다르다.

　동화란 어른이 어린이를 위해서 쓰는 글이기 때문에 소설보다 어려운 점이 있다. '어른을 위한 동화'라는 장르도 그렇고, 어떤 작품들은 어른 독자들에게는 인기가 있지만 아이들에게는 그렇지 못하다. 이현의 『짜장면 불어요!』나 박관희『힘을 보여주마』같은 작품이 화제가 되는 것은 단순히 현실의 어두운 면을 그렸기 때문도, 아이답지 않은 아이를 그렸기 때문도 아니다. 아이에게나 어른에게나 세상은 녹록치 않고 희망이 보이지 않는 암울한 처지에 있는 아이들도 많다. 그러나 생각해 보자. 세상을 있는 그대로 그려 보인다는 것은 과연 바람직한가. 어른에게나 아이에게나 문학은 무엇인가를 준다. 작가는 그 무엇을 통해서 독자가 정화되기를 원한다. 어른 독자를 위한 소설의 경우 그것은 냉소나 위악이라는 불편한 방법으로 생의 묵직한 의미나 존재의 비밀을 드러내기도 한다. 동화 작가들이 경계해야 할 것은 바로 이 지점이 아닌가 한다. 개개인의 가치관은 그 사람의 경험과 기억에 의해 결정되게 마련이다. 대개의 어른은 자기 나름의 가치관을 가지고 있다. 그러나 대부분의 아이들은 그렇지 못하다. 어른들은 세상이 얼마나 부조리하고 인간의 내면에는 악마도 살고 있다는 것을 알면서도 평화롭게 살아갈 수 있다. 어쩌면 그것은 어른이 되기 이전에 정의가 세상을 지배하고 인간은 선한 의지를 가지고 살아간다고 충분히 믿었던 경험이 있기 때문이 아닐까? 성공은 운에 달려 있고 인간의 관계는 이해타산으로 점철되는 것이라고 해도 아이들은 희망을 잃지 않는 한 세상은 살만한 것이라고 믿을 권리가 있지 않을까. '있는 그대로'보다 '있었으면 좋을' 모습의 아이들을 그린 과거의 동화들이 보여 준 의무감과 성실함에 대한 반작용인지 요즘 작가들이 그려 내는 아이들은 너무 자주 아이다움을 잃은 듯이 보인다. 요즘 아이들이 이렇구나 하고 이해하는 것은 오히려 어른 독자 쪽이다. 그러나 그런 이야기들을 읽는 아이들은 어떨까? 그것이 궁금하다.

이처럼 끓어오르는 우리 창작 동화 시장(유감스럽다. '시장'이라는 낱말을 선택해야하는 현실이!)은 조금 혼란스럽다. 혼란이 예고하는 것은 변화와 발전이다. 튀고, 틀리고, 흔들리고, 넘어지면서 어지럽게 내는 소리들이란 고여 있는 물의 평화보다 얼마나 살맛 나는가! 연꽃은 진흙 속에 고요하고 우아하게 피어오르지만 길섶의 이름 모를 작은 꽃들은 왁자하게 모여서 또 얼마나 예쁘게 피어나는가. 어린이문학 동네에 피는 그 꽃들을 지켜보는 즐거움은 앞으로도 한동안 계속될 것 같은 예감이 든다.

슬픈 거인

2장

어린이문학 속의
페 미 니 즘

남자 편 할래,
여자 편 할래?

신데렐라는 어려서 부모님을 잃고요
계모와 언니들에게 놀림을 받았더래요
샤바 샤바 하이 샤바
얼마나 울었을까
샤바 샤바 하이 샤바 1990년대

몇 년 전까지만 해도 어른인 내가 듣기에는 전혀 즐겁지 않은 이 노래가 신나게 들려왔다. 길거리에서, 버스에서, 집에서 아이가 틀어 놓은 카세트 테이프에서, 카랑카랑한 여자아이의 힘찬 음성을 타고서. 흥이 나서 노래를 따라 불러 대는 당시 다섯 살이던 내 딸아이에게 은근히 그 노랫말의 의미를 물어본 적이 있다. 그 노래의 어디가 그렇게 신이 나는지 정말로 궁금했기 때문이다. 아이는 아무것도 의식하지 못하는 것 같았고, 한참을 생각하다가 그제서야 '계모'가 무어냐고 반문을 하는 것이었다. 초등학교 일 학년에 다니던 조카 아이에게 물어보아도 반응이 신통치 않은 것은 매한가지였다.

딸아이를 가진 나로서는 평소 동화 속의 남녀의 성 역할에 관한 부분에 불만이 많았다. 마침, 내 딸아이는 신데렐라나 백설공주의 이야기에 푹 빠져서 판에 박인 그림과 글로 된 그 동화책을 하루에도 몇 번이고 읽어 달라고 조를 때였다. 신데렐라 콤플렉스에 대한 이야기를 어떻게 해야 어린 아이들의 꿈같은 기분을 아주 빼앗아 버리지 않으면서도 여성에 대한 편견을 이야기해 줄 수 있을까를 고민하던(물론 내 고민은 지나치게 시기상조였다. 다섯살 그러니까 세 돌하고 겨우 몇 달을 넘긴 아이는 아직 꿈과 현실의 차이를 몰라도 좋았다.) 내게 이 노랫말은 너무나 당연히, 신데렐라의 꿈을 꾸는 아이들에게 신데렐라의 현실을 일깨워 주는 이야기로 들렸다. 갑자기 생겨난 멋진 드레스와 반짝이는 유리 구두, 말과 마부와 마차로 상징되는 아름다운 신데렐라가 하루아침에 '왕자님'에 의해 어떠한 주체적인 노력도 없이 어두운 현실에서 벗어나 궁전으로 들어가는 이야기는 18세기 이래로 지금까지 동서양을 막론하고 모든 여자아이들의 사랑을 받아 오고 있는 동화이다. 18세기나 19세기 아니 20세기 초까지도 그것은 여자아이(뿐만 아니라 어른)들의 현실이었다. 그러나 '제2의 성' 이래 페미니즘 논쟁이 계속되어 오고, 신세대가 우리 삶의 풍속 많은 부분을 바꾸어 놓고 있는 20세기말을 살아가는 아이들의 현실은 분명히 아니다. 문학 작품이 현실을 반영하듯이 동화는 아이들의 현실을 반영하여야 한다. 동화가 누릴 수 있는 특권인 꿈의 나라도 현실과의 관련하에서 유기적으로 만들어진 것이어야 한다.

여권이 아무리 신장되고(?) 사회가 아무리 열려 간다 해도 우리의 남아 선호 사상은 건재한다는 증거라도 보여 주듯이 요즘은 어느 집단엘 가 보아도 딸보다는 아들이 많다. 남녀의 인원 수를 미리 정해 놓고 아이들을 모집하는 유치원이나 사립 초등학교는 따라서 여자아이들은 상대적으로 수월하게 들어가는 반면 남자아이들은 높은 경쟁률의 벽에 부딪히게 된다. 남녀의 구별 없이 입학을 하게 되는 공립 초등학교에서는 여자 어린이를 짝으로 하지 못하는 남자 어린이들이 속출하고 있다. 수년 간 계속되고 있는 이러한 현상은 명실공히 우리 사회의 기현상 중의 하나로 기록되고도 남을 것이다. 초등학교에서 여자아이를 짝으로 해 보지 못하는 불운쯤이야 또 아무것도 아닐지 모르지만 그것이 평생을 함께할 짝을 만날 수 없는 불행으로 이어진다면 문제는 좀 심각하다. 딸아이를 기르는 부모의 입장에서 나는 이러한 현상이 여자아이들을 남성 우월주의라는 고질병에서 벗어나는 사회 속에서 살게 하지 않을까 하는 기대감과 동시에 이러한 불균형이 또 다른, 어쩌면 지금까지의 그것보다 더욱 심한 공주 콤플렉스를 낳지 않을까 심히 우려가 된다. 아들을 기르는 입장에서 보더라도 걱정

슬픈 거인

은 조금도 덜어지지 않는다. '여자가……'라는 말이 딸(이었던 우리에서 끝나면 얼마나 좋을까!)들을 억누르는 것 못지않게 '남자가 되어서……'라는 말은 또 얼마나 아들(이었던 우리의 반려들은 또 얼마나 불쌍한가!)들을 내모는가. 처음부터 얼마간의 실망감을 저당 잡히고 이 세상에 존재하기 시작한 딸 아이를 기르면서 나는 단 한 번도 '여자애가……'라는 말을 입에 담아 보지 않았다. 이 거친 세상(어느 여자가 헤쳐 나가기에도 세상은 예외 없이 거칠다)을 꿋꿋이 살아 나갈 힘을 길러 주고 싶었고 여자라는 낱말에서 은연중에 콤플렉스의 느낌을 익혀 버리지 않게 하기 위한 배려였다. 그래서 말을 잘 듣거나 심부름을 했을 때는 착하다거나 예쁘다고 칭찬해 주었지만, 넘어져서 울지 않고 일어났을 때나 혼자서 어디를 다녀왔을 때는 용감하다거나 씩씩하다고 추켜 주었다. 그런 탓인지 우리 딸아이는 유치원에 들어가기 전까지 일상 속에서 남자와 여자의 구별을 전혀 느끼는 것 같지 않았다. 게다가 맞벌이를 하는 우리 부부는 가사 노동이나 육아에 있어서 가능한 분담을 하려고 애쓰고 있었으므로 아이는 돈은 아빠가 벌어오고 밥을 짓거나 청소를 하는 것은 엄마의 일이라는 식의 구분을 하지 않고 있었다. '빨래는 누구의 역할이지요?'라는 시험 문제(이렇게 전근대적인 교육은 아직도 버젓이 우리의 초등학교에서 행해지고 있다)의 답안으로 아빠라고 충분히 써넣을 아이였다. 그러던 아이가 유치원에 들어가서 처음 배워 온 노래는 나를 실망시키기에 충분했다. 귀엽디귀여운 몸짓을 해 가며 부르는 동요란 것이

"아빠 곰은 신문 보시고, 엄마 곰은 요리하시고"이거나 "이 다음에 내가 커서 어른 되면…… 아빠처럼 넥타이 매고 있을까, 엄마처럼 행주치마 입고 있을까?"였던 것이다. 그뿐이 아니다. 색종이 접기를 하던 아이는 분홍과 빨강 계열의 색종이를 다 써 버리고 나자 남자 색만 남았다며 새로운 색종이를 사 달라는 것이 아닌가! 어째서 남자 색 여자 색이냐는 나의 반문에 아이는 대답을 못 하면서도 무조건 여자 색을 사야 한다고 우기는 것이었다. 짐짓 이해가 되지 않는다는 듯 갸우뚱하면서 나는 "이상하지…… 색깔에 고추가 달렸나?" 하며 혼잣말을 하는 시늉을 하였더니 그제서야 아이는 드디어 깔깔 웃어 버리고 만다. 더욱 놀라운 것은 그 다음 날 놀러 온 제 친구와 크레파스의 색깔로 옥신각신하다가, 또렷한 목소리로 "아냐, 색깔에는 남자 여자가 없어! 우리 엄마가 그랬다!" 하며 확신에 차서 반격을 하는 아이의 모습을 보는 일이었다.

남자 여자가 없는 것이 어디 색깔뿐이랴. 그럼에도 불구하고 우리는 정말 지나치게 남자·여자로 아이들을 구분한다. 남녀 성구별이 아무런 의미도 없는 육아용품을 하나 사러 가도, 종합장이나 스케치북을 사러 문방구에만 가도 파는 사람은 꼭 "남자예요, 여자예요?" 하고 묻는다. 그 때문에 아이들은 지나치게 남자 것과 여자 것을 구별하는 습관을 자연스럽게 익히게 되고, 심지어 남자아이는 분홍색 물건이나 공주 그림 앞에서, 여자아이는 파랑색 물건이나 로봇 그림 앞에서 언뜻 손을 내밀지 못하게 된다. 어디 그

슬픈 거인

뿐인가. 아이들이 읽는 책마저도 출판사들은 앞을 다투어 '착하고 예쁜 공주님들을 위한 이야기'와 '씩씩하고 멋진 왕자님들을 위한 이야기' 『임금님 임금님 우리들의 임금님』과 『왕비님 왕비님 우리들의 왕비님』, 『도둑 나라를 친 새신랑』과 『구렁덩덩 신선비』의 경우처럼 여자 어린이용 책과 남자 어린이용 책을 따로 펴내고 있다. 책만큼 중성적인 물건도 없을 터인데 편집자들은 어쩌자고 이렇게 책을 만들면서까지 아이들을 남자 편과 여자 편으로 갈라놓는 것일까. 굳이 그렇게 조장하지 않아도, 아이들은 자라나면서 스스로의 취향을 굳혀가게 되고, 남자 어린이 혹은 여자 어린이가 되고 그 어린이들이 읽는 책에 구별이 생기게 된다. 별로 바람직하지 않은 이러한 현상을 출판사들이 나서서 조정할 수도 있으련만 오히려 부추기고 있다. 남녀 성비 불균형이 심심찮게 일간지 사회면의 기삿거리로 등장하는 20세기하고도 말의 대한민국 상황은 섬세한 눈길, 손길로 남자아이들과 여자아이들이 서로 공감하고 협력하는 이야기가 담긴 책을 만들어야 할 때이다. 남자들의 이야기와 여자들의 이야기가 자연스럽게 섞인 책으로 남자와 여자를 편 가르기보다는 서로 힘을 합하게 해야 할 때이다.

동화 속의
남녀
불평등

페미니즘 '운동'이 아무리 확산되어도 '남녀평등'은 좀처럼 자리가 잡히지 않는 것처럼 보인다. 밖에서는 공공연히 페미니스트임을 자처하는 남자들도 집에서는 영락없는 가부장적 권위 의식을 발휘하는 경우가 대부분이다. 왜 그럴까. 남녀평등이야말로 몸으로 마음으로, 어려서부터 생활 속에서 자연스럽게 체득하지 않으면 '의식 개혁'을 통해 '실천'하기가 거의 불가능한 문제 중의 하나이다. 그렇기 때문에 남녀평등 문제는 마땅히 어린이문화의 기본 구도 속에 스며 있어야 한다. 그런데 이 땅의 동화 환경이 이러한 문제의식을 반영하지 못하고 오히려 남녀 불평등을 알게 모르게 어린이들에게 주입시키고 있는 것은 참으로 안타까운 일이다. 소설이 그 시대의 사회 환경을 담아내듯이, 동화 역시 한 시대 어린이들의 삶의 모습을 보여 준다. 아이들은 이야기 속의 인물과 자신을 쉽게 동일시한다. 그러한 과정에서 정신적으로 성장한다.

슬픈 거인

그런 만큼 동화 작가들은 일반 소설가들보다 훨씬 세심한 주의를 기울여야 하며, 분명한 가치관을 가지고 있어야 한다. 권선징악이라는 보편적인 주제에 있어서는 전래 동화에서부터 최근의 창작 동화에 이르기까지 흔들림이 없다. 시대가 아무리 바뀌어도 그러한 주제는 최소한의 사회적 도덕으로 남을 것이다. 그러나 남자와 여자라는 문제는 '남녀칠세부동석'에서부터 '여성 상위' '인간 해방'에 이르기까지 시대를 거쳐 오면서 많은 변화를 겪었다. 이렇듯 과거와 현재라는 시간적인 거리는 남녀평등과 같은 문제를 바라보는 시각을 첨예화한다. 따라서 요즘에 씌어지는 동화는 마땅히 달라진 혹은 다양한 시각을 반영해야 할 것이다. 그러나 안타깝게도, 남녀평등 문제에 관한 한, 우리의 동화 작가들은 확고한 생각을 갖고 있지 않은 게 아닐까 하는 의구심이 든다. 그 단적인 예가 『신데렐라』『백설 공주』 같은 동화가 아직까지 여자아이들이 가장 많이 읽는 동화인데도, 이러한 시각을 교정해 주는 동화가 거의 씌어지지 않는다는 점이다.

작가는 죽고 시대는 변해도 작품은 남는다. 중요한 것은 달라진 시대에 따라 예전의 작품을 멀리하고 새로운 작품만을 구해 읽어야 한다는 것은 아니라고 생각한다. 오랜 세월 동안 아이들에게 꾸준한 사랑을 받아 오는 페로나 그림 형제의 동화들 그리고 안데르센 동화들의 매력은 세상이 아무리 더 바뀌어도 그대로 남을 것이며 또 그래야 한다고 생각한다. 중요한 것은 그 시대를 살아가는 어린이 독자들에게 자기 나름의 비판력을 갖추도록 도와주는 일이다. 텍스트 속으로 빠져들기만 하는 책벌레, 책의 노예로 키울 것이 아니라, 빠져들어 간 텍스트에서 스스로 빠져나올 줄도 알고, 자기 생각과 책의 내용을 견줄 줄도 아는 책의 주인으로 키워야 한다, 우리 아이들을. 특히, 남성 우월주의적인 편견이 도처에서 지배하고 있는 이 사회를 살아가는 우리 여자 어린이들을. 아무리 '남녀평등하게' 키운 집 아이들도 일단 놀이방이며 유치원 나아가 학교라는 나름대로의 사회생활을 시작하면 기가 막히게 빨리 성차별 의식에 물들어 버린다. 여자 어린이라면 누구나 읽어 보는 그리고 더러는 푹 빠져 버리는『신데렐라』나『백설 공주』이야기. 2백 년도 더 묵은 이 이야기들은 아직도 변함없이 우리 어린이들을 꿈에 젖게 만든다. 꿈에 젖은 아이를 보는 일은 분명 행복이다. 그러나 문제는 2백 년 전의 현실과 지금의 현실이 전혀 같지 않다는 데에 있다. 좋은 동화는 꿈의 나라로 인도하면서도 또한 그 꿈에서 깨어나면 스스로 커져 가는 경험을 하게 만드는 것이어야 한다. 그런데『신데렐라』『백설 공주』류의 동화는 신데렐라 콤플렉스, 공주 콤플렉스 등의 신조어를 만들어 낼 만큼 여성에게 부정적으로 작용한다는 데에 문제가 있다. 이상하게도 남자아이들을 위한 특별한 장르의 이야기는 눈에 뜨이지 않는 반면, 각종 공주 이야기니 순정 소설이니 해서 여자아이들을 위한 이야기의 장르가 따로 있다. 여자아이들을 위해서 있다는 이 이야기들은 거개가 억압을 인내하는 것을 미덕으로 그림으로써 수동적인 인간상을 아름다운 것으로 제시하고 있다. 반시대적인 발상이다. 어린이문학은 성인들의 그것과는 달리 가르친다는 교육적인 의도를 다분히 포함하는 만큼, 여자아이들이 인습에 젖어 버리지 않고 자기 주체성을 인식하고 남자아이들과 평등한 의식을 가질 수 있게 이끌어 주는 동화의 출현이 절실하다. 그럼에도 불구하고, 여자아이들을 위한 이야기들을 이렇게 따로 구별한다는 것 자체가 성차별 교육에 크게 기여하고 있다.

몇 년 전부터 유난히 기승을 부리는 각종 여성지와 광고 속에서 상업주의, 소비 문화와 발맞추는 '여성 상위 시대'는 또 다른 공주 콤플렉스를 낳고 있다. 며칠 전 어느 신문에 난 기사에 의하면 요즘 초등학교의 반장의 45%가 여자 어린이이며, 전교 회장도 여자 어린이인 경우가 점점 늘어나는 추세라고 한다. 또한 발 걸어 넘어뜨리기나 말뚝박기, 의자 잡아 빼기 등의 놀이도 더 이상 남자 어린이들의 전유물이 아닐 정도로 어린이 놀이 환경도 크게 바뀌고, 제6차 교육 과정 개편에 따라 교과서들도 남녀평등 의식을 대폭 담고 있다고 한다. 전혀 남녀가 평등하지 않은 어른들의 사회 속에서 어린이의 눈에 비친 남녀평등은 과연 어떤 것일까. 『백설 공주』 『신데렐라』 『숲속의 잠자는 미녀』 『콩쥐팥쥐』 『장화홍련전』 등의 이야기가 야기한 공주 콤플렉스가 남성의 구원을 기다리는 착하고 무력한 여자를 이상으로 한다면, 요즘의 우리 창작 동화들은 자기만 알고 주인공 노릇을 하기 좋아하며, 다른 사람들이 떠받들어 주어야 기분 좋아하고 남자아이들과도 싸워서 힘으로 이겨야 직성이 풀리면서도 힘든 일은 당연히 남자아이들이 해 주어야 한다고 생각하는 이기적인 여자아이의 상을 심심찮게 그려 보이고 있다. 유행따라 다르게 나타나는 또 하나의 공주 콤플렉스이다. 이렇게 옷을 바꿔 입으며 자꾸 나타나는 공주 콤플렉스는 남자아이와 여자아이에게 똑같이 유해하다. 유교 문화 속의 가부장적 전통을 몸으로 체험하고, 서양 문화 속의 신사도(?)를 머리로 배우는 이 땅의 남자아이들은 이중의 부담에 시달리는 셈이다. 여자아이 운동화엔 백설 공주를 그려 놓고 남자아이들 운동화엔 마징가 제트를 그려 놓듯이, 남자 아기 옷엔 하늘색을 칠하고 여자 아기 옷엔 분홍색을 칠하듯 그렇게, 남자아이들을 위한 이야기와 여자아이들을 위한 이야기를 공공연하게 구분해서 펴내는 일은 아무래도 옳지 않다. 남자아이와 여자아이가 꼭 같다고 가르쳐서는 곤란하지만, 남성우월주의가 만연한 우리의 현실에 비판적인 시각을 보태어 줄 만한 동화들은 꼭 필요하다. 페미니즘은 현실 인식으로부터 출발해야 하며 미래 지향적이어야 한다. 동화 속에서 자연스럽게 표현될 때에, 인간의 평등을 가르치는 페미니즘은 더욱 효율적으로 확산될 수 있을 것이라고 생각된다. 우리나라 동화 작가의 절대 다수가 여성임에도 불구하고 페미니즘의 문제를 올바르게 제기하는 동화가 없다는 것은 아이러니이다. 우리 여자 어린이의 현실을 다룬, 그리고 달라진 세태 때문에 자기와 동일시해도 좋은 하나의 인간상 발견이 상대적으로 더 어렵게

슬픈 거인

되어 버린 남자 어린이의 현실을 다룬 질 높은 창작 동화가 씌어질 날은 요원한가.

동화 속의 남녀평등

우리보다 페미니즘의 역사가 오랜 서구에서는 문학상 중에 여성 문학상이란 것이 있다. 해마다 페미니즘을 주제로 다룬 작품 중에서 우수작을 골라 상을 주는 제도이다. 여기서 특기할 만한 것은 어린이문학 분야에까지 그 상을 확대하고 있다는 사실이다. 매우 바람직하고도 합리적인 발상이라고 생각된다. 어린이문학만큼이나 페미니즘이 효과 있게 흡수되는 것도 드물 것이기 때문이다. 이들 작품 중에는 우리나라에 소개가 된 것도 있다. 다음에 소개하는 『슬기로운 아리테 공주』와 『꽁지머리 줄리에트』가 그 예이다. 다만 아쉬운 것은 이 작품들이 제대로 널리 읽히기도 전에 우리 서점가에서 사라졌다는 사실이다. 좋은 책들이 제대로 선별되어 독자의 손에 닿을 수 없는 우리나라 어린이 도서 유통 구조와 홍보 방식의 불합리성이 안타깝기 짝이 없다. 동화 소개에 앞서 참고로 한 가지만 덧붙이면, 다음의 책들은 서점의 진열대에서는 찾아보기 힘들지만 주문을 하면 구해 볼 수는 있다.

『꽁지머리 줄리에트』는 자기주장이 강한 여자아이가 일으키는 여러 가지 해프닝을 제시함으로써 읽는이를 힘있게 빨아들이는 작품으로 프랑스 여성 문학상 수상 작품이다. 줄리에트는 불과 일곱 살(우리 나이 아홉 살)이지만, 어른들의 이야기에 순응하는 아이가 전혀 아니다. 자기 나름의 사고 방식이 분명한 인물이라는 점에서 일단 2차적인 존재로서만 그려지던 여자아이의 모습에서 탈피한다. 게다가 직업관의 차이로 파혼(?)까지 하는 대목은 여자아이들에게 씌워지고 있는 남성 우월주의의 굴레에 대한 과감한 반항을 보여 준다. 이 작품의 장점은 남녀평등이라는 머나먼 '이상'의 실현을 그려보이는 것이 아니라, 남녀 불평등한 현실 인식에 초점을 맞추고 있다는 데에 있다. 예쁘지도 착하지도 않은 여자아이, 따라서 어른들의 눈에 딱히 칭찬 받을 만하게 보이지 않는 이 줄리에트라는 아이에게는 공주형을 이상으로 하는 콤플렉스 따위는 아예 존재하지 않는다. 자기 눈높이에서 살펴본 세상과 그 세상을 살아가는 사람들에 대한 아이 나름의 인상이 줄리에트라는 인물 속에서 하나의 주관으로 통합된다. 결국 줄리에트는 외부 세계가 자기에게 요구하는 역할을 거부하고 아이다운 실수를 거듭하면서 자기 생각을 관철하는 인물로 그려져 있다. 학예회에서 귀부인 의상을 입고 꼭두각시처럼 춤을 출 것을 기대하는 선생님과 부모님의 기대를 깜찍하게 배반하고 거지 차림으로 무대에 올라 '레 미제라블'을 즉흥 연기해 내 관객들로부터 박수와 동전 세례를 받고 교장 선생님의 특별 찬사를 받는 마지막 부분이 압권이다. 별다른 드라마틱한 이야기 없이 줄리에트의 일상적인 삶을 그려 나가는 과정에서 프랑스 소설답게 심리 분석에 성공하고 있다. 일곱 살 줄리에트의 서툰 표현과 야무진 자기 생각은 독자를 시종 웃게 만들면서도 깨달음을 준다.

『슬기로운 아리테 공주』는 영국 여성 문학상 수상 작품으로서 어린이들이 아주 익숙해 있는 전형적인 동화 형식을 빌렸기 때문에 이야기의 참신성은 없다. 대신 바로 그 점 때문에 아이들에게 익숙하게 다가갈 수 있는 장점이 있다. 남성과의 갈등에서 이야기가 시작되지만 남녀의 대립 구도를 그다지 표면화시키지 않으면서도 여성이 처한 억압의 상태에서 인종과 체념으로 다스려지지 않은 채 상큼하고 슬기롭게 자기 삶을 헤쳐나가는 어린 공주의 이야기가 예쁘다. 남성 우월주의 국가의 공주인 아리테는 '똑똑하다'는 이유 때문에 아버지인 임금에게 고민을 안겨 준다. 똑똑한 여자는 아무도 아내로 맞이하지 않기 때문이다. 이 똑똑한 공주 때문에 큰 화를 입게 되리라는 예언을 한 마술사가 와서 많은 보석을 주고 임금을 꾀어 공주를 아내로 맞아 데려간다. 마술사의 성, 지하실에 감금된 공주는 마술사의 예상을 뒤엎고 용감하다고 이름난 왕자나 기사들도 해내지 못한 어렵고 험한 난관을 재치와 따뜻한 마음씨로 이겨낸다. 여기서 주목할 것은 공주는 세 가지 소원을 들어주는 요술 반지를 가지고 있지만, 그것을 이 세 가지 난관을 극복하는 데에 사용하지 않는다는 점이다. 독자는, 신데렐라나 백설공주처럼 외부에서 우연히 주어지는 도움에 의해서가 아니라 순전히 자신의 지혜로 주어진 역경을 헤쳐 나가는 이야기에 주목하기 바란다. 아리테 공주는 요술 반지를 지하에 갇혀 있는 동안 심심함을 이기지 못해 종이나 물감 등을 얻기 위해 사용한다. 심심함은 몇 개의 난관을 헤쳐 나가고 그 경험을 통해 성숙해지는 '구멍체험' 같은 것보다 훨씬 실존적인 문제이다. 요술 반지라는 난관을 극복하는 데에 쓰게 만들지 않고 심심함이라는 좀 더 근원적인 문제를 해결하는 데에 사용하게 만든 것은 공주로 하여금 자아를 더욱 깊게 인식하고 삶을 주체적으로 헤쳐 나가도록 만든다. 이것이야말로 페미니즘 동화의 목적이다. 얼마나 인간다운 발상인가.

우리 창작 동화 속에 나타난
여자 어린이의 현실

학교에 온 엄마가 선생님께 세 번씩이나 머리를 숙이며 절을 하는 걸 본 말숙이는 "엄마, 엄마는 왜 선생님 앞에서 쩔쩔매시는 거예요?" 하고 묻는다. "그거야 말숙이 선생님이 하늘처럼 높기 때문이지" 하는 말숙이 엄마의 대답. 선생님이라면 그림자도 안 밟는 것은 이미 옛말인지 몰라도 우리 국민 대부분은 아직도 '내 자식을 가르치는 선생님'에 대한 기본적인 존경심은 가지고 있다. 그런데 1996년 6월 27일자 여성신문에는 '하늘같이 높은' 선생님의 이미지를 아주 흐려 놓는 기사가 실렸다. "키 크고 예쁜 미스 선생님만 모여라?"가 문제의 기사 제목이다. 같은 해 7월 20일부터 열리게 되어 있는 교육 박람회의 안내 요원으로 일할 여교사를 모집하는 "미스 선생님 miss teacher"이란 제목의 공문이 논란의 대상이었다. "서울이나 서울 근처에 거주하는 유치원·초등·중등 여교사로 키 크고, 미모 빼어나고, 언변 좋은 교사"라는 상식 이하의 조건을 내걸고 있는 충남 천안 교육청 이장순 학과장 명의

슬픈 거인

로 된 이 공문은, 이에 응하는 여교사들에게 박람회장의 각종 자료 열람은 물론 자유 관람 특전을 부여함과 동시에 일당 5만 원을 지급한다는 내용을 담고 있다고 한다. 이 기사를 읽는 내 머릿속에는 '도우미'라는 이름으로 각종 행사에 등장하는 미니스커트 입은 키 크고 늘씬한 아가씨들, 심지어는 선생님들께는 참으로 민망하게도 화려한 제복을 차려입고 기계적인 몸짓으로 안내를 하고 절을 하는 엘리베이터 걸까지 떠올랐다.

인간은 법 앞에 평등하다는 헌법의 조항이 소외된 자들이 받고 있는 자본과 권력에 의한 불평등한 대우에 대해서 전혀 무력하듯이, 남녀는 평등하다는 원칙적인 가르침은 전혀 남녀평등하지 않은 세상을 헤쳐 나가야 할 우리 어린이들에게 아무런 도움이 되지 않는다. 그런 면에서 남녀평등이라는 주제는 우리 창작 동화가 적극적으로 다루어야 할 주제라고 생각된다. 계속되는 남초 현상, 심각한 사회문제로 부상되고 있는 남녀 성비 불균형에도 불구하고 남아 선호 사상이 여전히 건재하는 우리 현실을 생각해 보면 더욱더 그렇다. 정영애의 초등학교 저학년을 위한 『삐뚤빼뚤이 오말숙』은 그러한 현실 인식에 바탕을 두고 있는 것처럼 보인다. 말숙이는 딸만 셋이 있는 집안의 막내로 태어났다. 쉽게 짐작할 수 있듯 말숙이란 이름은 이제 딸은 그만 낳고 아들을 낳으라는 남아 선호 사상을 직선적으로 담고 있다. 그러나 정작 바라는 아들이 태어나지 않자 할아버지 할머니는 말숙이를 남자처럼 키운다. 늘

짧은 상고머리에 바지만 입히고 얌전하기는커녕 여느 남자아이들처럼 장난꾸러기에다 개구쟁이로 자라는 것에 아무런 제재도 가하지 않는다. 조부모의 넉넉한 사랑 속에서 언니들과는 달리 '여자다운' 품행에서 완전히 자유로운 채 천방지축으로 자라던 말숙이가 초등학교 취학 통지서를 받으면서부터 여자아이로 분류되고 싶은 욕망을 느낀다. 이 작품은 남자아이처럼 자라온 말숙이가 학교라는 사회를 접하면서 여자아이로서의 자기 정체성과 태권도 2단에 웬만한 남자아이들은 꼼짝못하게 할 만한 실력(?) 사이에서 갈등을 겪는 이야기를 담고 있다.

남아 선호 사상은 여자아이들이 태어나면서부터 부딪치는 벽이며 현실이다. 『삐뚤빼뚤 오말숙』의 첫 장을 펴 들었을 때에 나는 그러한 여자아이들의 현실을 다룬 동화를 만났다는 반가움이 우선 앞섰다. 그러나 남자 같은 외모에 고민하는 말숙이에게 "우리 말숙이도 마음만 먹으면 무엇이든 할 수 있지. 지금은 남녀평등 시대야. 평등이 무슨 말인 줄 아니? 남자나 여자나 똑같다 그 말이야. 여자가 남자 같으면 어떠니? 진짜 남자가 아니면 되잖아, 그치?"라고 말하는 엄마의 발언이나, "난 주사 맞는 것 겁나지 않아. 여자아이들이나 벌벌 떨고 그러지"라는 남자 친구의 말에 "여자도 용감하다는 것을 보여 줘야 해"라고 맞서는 말숙이의 결심이 작품 속에서 전혀 빛을 발하지 못하는 것은 작가가 남녀 차별의 벽에 부딪힌 여자 어린이의 현실에 대한 자신의 시각을 일관성

슬픈 거인

있게 드러내고 있지 못하기 때문이다. 두 권 분량의 장편 동화로 되어 있는 『삐뚤삐뚤이 오말숙』은 첫 장을 넘긴 독자가 갖게 되는 호기심을 지속시켜 주지 않는다. 남아 선호 사상에서 시작된 이야기는, 학교에 말숙이 엄마가 오신 것을 보고 "니네 엄마가 선생님 보고 '우리 말숙이 심부름 좀 시켜 주세요' 그럴 것 아니니?" 하는 가영이의 비아냥거림에서부터 "선생님은 말숙이의 마음속에서 말숙이를 스스로 발견하도록 도와주시는 분이니까" 하늘처럼 높다고 말하는 엄마의 말에 이르기까지 번져 있는 학생 - 교사 - 학부모 사이에 작용하는 역학 관계의 함수를 드러낸다. 또 부모의 이혼으로 인해 매사에 소극적이고 침울한 아이 종수를 말숙이가 받아들이는 과정을 통해 점차 일반화되고 있는 결손 가정 문제 역시 아이들의 현실임을 보여 준다. 또 갑자기 레이스가 많이 달린 분홍색 원피스를 입고 싶어하는 말숙이의 '여성스러운' 욕망과 팔씨름에서 여자 대표로 끝까지 남아 남자아이들을 모두 다 이기는 말숙이의 대결 의식, 이외에도 시험, 공부, 학교 생활, 친구 관계, 가족 문제 등이 두 권의 동화에 걸쳐 두루두루 실려 있다. 한 편의 단편이 담을 수 있는 각각의 주제를 장편 속에 다 담느라고 작품의 밀도가 없어져 버렸다. 마지막까지 뭔가에 대한 기대감을 못내 버리지 못하고 『삐뚤삐뚤이 오말숙』의 책장을 덮은 나는 책머리에 실린 작가의 말을 찾아서 읽어 보았다. 초등학교 교사인 작가가 슬펐던 일, 괴로웠던 일을 한 번도 겪어 보지 못한 아이들이 대부분임에 깜짝 놀라서 말숙이가 "여러 친구들을 만나면서 슬픔과 괴로움이 어떤 것인가를 알게 되"는 이야기를 썼다고 했다. 그것이 작가의 의도였던 만큼 『삐뚤빼뚤이 오말숙』은 이것저것 모두 다 서투른 말숙이가 학교생활을 겪으면서 마음이 자라나는, 우리 창작 동화 시장에 너무 흔한 이야기가 되어 있다. 좋은 작품은 아이들의 영혼을 자라게 한다. 그러나 그렇지 못한 작품은 책의 홍수 속에서 길을 잘 찾지 못하고 있는 아이들의 시야를 흐릴 뿐이다. 아이들 눈높이에 맞춘다는 것이 아이들처럼 뜻 없어진다는 의미는 아니지 않는가. 『삐뚤빼뚤이 오말숙』처럼, 생각 없이 읽을 수 있고 생각을 시작하면 불행해지는 창작 동화가 우리 서점가에는 너무나 많이 나와 있다. '저학년을 위한' 동화에서 특히 많이 보이는 이러한 류의 동화는 주제의 깊이와 독자 어린이의 연령은 반비례하지 않는다는 중요한 사실을 놓치고 있다. 중요한 것은 전달 방법일 뿐이다. 아이들은 어른들보다 세상과 사물의 이치에 대해 훨씬 열려 있다. 편견들 사이로 난 길을 어렵게 어렵게 따라가도 어른들에게는 가 닿기 어려운 진실을 아이들이 의외로 수월하게 받아들이는 것을 아이 키우는 부모는 누구나 몇 번씩 경험한다. 이렇게 무한한 가능태로 존재하는 아이들의 머릿속에, 가슴속에 생각의 빛을 비추어 주는 환한 작품 한 편이 그립다.

슬픈 거인

어린이 책 속의
페미니즘

남녀가 평등하지 않은 사회에서 살아가는 아이들에게 남녀는 평등하다고 가르치는 것은 정당한가. 평등해야 한다고 가르쳐야 하지 않을까. 평등해야 하는데 사실은 그렇지 못하다고 가르쳐야 하지 않을까. 그렇지 않은 현실을 볼 수 있는 눈을 길러 주어야 하지 않을까. 여성으로 살아가자면 그런 생각에서 벗어나기 힘들다. 그리고 끊임없이 우리의 딸들 그리고 아들들은 적어도 우리보다는 남녀평등한 사회 속에서 살아가게 해 주고 싶다. 그런 생각으로 작품을 보면 여성을 어떤 모습으로 그렸는지에 주목하게 된다. 더러 명백하게 페미니즘의 메시지를 내건 작품도 있고 순종적이지 않은 여성 인물을 보여 줌으로써 간접적으로 페미니즘을 말하는 작품도 있다. 남녀 불평등을 의식하고 있는 작품 몇 편을 골라 보았다.

:   굳센 여자 섬세한 남자

『종이 봉지 공주』는 단순하기는 하지만 명백하게 페미니즘을 내세우고 있는 작품이다. 우선 이야기는 이렇다. 아름다운 공주 엘리자베스는 "비싸고 좋은 옷"이 많이 있는 성에서 살고 있는데 "로널드 왕자와 혼인해서 행복하게 살 참"이었다. 어느 날 무서운 용 한 마리가 나타나 성을 몽땅 불태워 버리고 로널드 왕자를 잡아가 버리면서부터 엘리자베스 공주의 변신이 시작된다. "용을 뒤쫓아가서 왕자를 구해 오기로" 한 것이다. 여자아이가 모험의 주인공이 된 이야기가 흔히 그렇듯이 그 무시무시한 용을 공주가 이겨 내는 것은 지혜 덕분이다. 공주는 용의 허영심을 부추겨 실컷 힘자랑을 하게 해서 기진맥진하게 만든다. 문제는 그 다음부터다.

공주는 훌쩍 용을 타넘어 동굴로 가서 문을 열었습니다.
로널드 왕자가 안에서 튀어나왔습니다. 왕자는 공주를 보더니 대뜸 이렇게 말했습니다.
"엘리자베스, 너 꼴이 엉망이구나! 아이고 탄내야. 머리는 온통 헝클어지고, 더럽고 찢어진 종이 봉지나 뒤집어쓰고. 진짜 공주처럼 챙겨 입고 다시 와!"

엘리자베스 공주가 종이 봉지를 뒤집어쓰고 나타나게 된 것은 용의 습격으로 성이 완전히 불타 버린 터라 입을 옷이 하나도 없었기 때문이다. 그 상황에서 공주에게 중요한 것은 옷이 아니라 사랑하는 왕자를 구해 내는 일이었다. 의지가 굳은 공주는 무시무시한 용도 두려워하지 않았고 차림새 따위에는 신경도 쓰지 않았다. 그렇게 목숨을 걸고 구해 낸 왕자가 공주를 보자마자 내뱉는 말이라니. 그림을 보면 아닌 게 아니라 동굴에 갇힌 신세이면서도 왕자는 성에 살고 있을 때와 똑같이 '왕자처럼' 치장을 하고 있다. 결국 로널드가 사랑한 것은 자신의 아름다움이 아니라 비싸고 좋은 옷들이었다는 걸 깨달은 엘리자베스는 이렇게 말한다.

"그래 로널드, 넌 옷도 멋지고, 머리도 단정해. 진짜 왕자 같아. 하지만 넌 겉만 번지르르한 껍데기야."

그리고 이 작품은 곧 이어지는 "결국 두 사람은 혼인하지 않았습니다"라는 문장으로 끝난다. 텍스트가 끝난 곳에 독자의 눈을 끄는 그림이 있다. 이제까지의 꽉 찬 화면에 들어 있는 그림에 비하면 작은 그림이다. 그 그림은 공주의 뒷모습을 담고 있다. 그림의 삼분의 이를 넘게 차지하는 강한 선으로 표현되어 있는 지평선 위로 솟아오르는 해를 향해 달리고 있는 엘리자베스의 모습에는 공주다운 우아함이 전혀 없다. 해를 맞아들이려는 듯 한껏 벌린 양팔, 선머슴 애처럼 짧고 헝클어진 머리, 천방지축으로 튀어오를 것 같은 다리 모양…… 그런 엘리자베스의 뒷모습은 결혼에서 해방된다는 것은 새로운 삶의 시작, 열린 세상을 향한 출발, 무한한

가능성으로 열릴 수 있음을 다소 웅변적으로 말해 준다.

로널드 왕자는 남자로서의 최소한의 용감한 모습도 보여 주지 못한 채 오로지 호사스러운 겉치레만으로 왕족으로서의 품위를 유지하려 하는 동시에 여성을 '비싸고 좋은 옷들' 속에 가두어 둠으로써 종속적인 존재로 만들려고 할 뿐이다. 아무리 좋게 보아 줘도 로널드 왕자는 외면적으로 드러나는 아름다움이라는 감각에 섬세한 남자일 뿐이다. 수많은 작품들이 흔히 그려 보이는 씩씩하고 대범한 남성상과는 거리가 멀다.

온순하고 상냥하고 부드럽고 현명해야 한다는 것이 여성을 억압한다면, 울면 안 되고 때에 따라서 싸울 줄도 알아야 하며 자질구레한 것에 마음을 빼앗겨서는 안 된다는 것은 또한 남성을 억압한다. 『용감한 꼬마 해적』의 아홉 살짜리 소년 장의 경우가 그렇다. 할아버지도 아버지도 생 말로의 해적이었던 집안의 아들인 장의 운명은 벌써 정해져 있다. 해적이 되어 바다로 나가 "영국놈들을 모조리 해치우"고 영국에 포로로 잡혀 있는 아버지를 구해 내는 것이다. 그러기 위해서 장은 매일같이 아이들과 전쟁 놀이를 한다. "상소리도 지껄이고 열 발자국 멀리 침을 뱉는 연습"도 한다. 그러나 그런 장을 지탱해 주는 것은 갓난아기 때에 프랑스 해적선에 잡혀 왔다가 버려진 영국 공주 투와네트에 대한 사랑과 수프를 끓여 주는 엄마의 따스함이다. 거친 머리칼을 바람에 흩날리

슬픈 거인

며 세 마리의 생쥐를 키우면서 바닷가 암벽 동굴에서 살고 있는 투와네트는 귀엽고 사랑스럽기는커녕 야성미가 물씬 풍긴다. 기존의 동화들이 보여 주는 공주의 모습과는 영 딴판이다. 그런 공주를 사랑하는 장은 섬세하고 따뜻하기 그지없는 남자다. 투와네트에게 생쥐 한 마리와 은팔찌 반쪽을 정표로 나누어 받고 해적선을 탄 장은 거칠고 험한 전쟁의 와중에서 마음 고생이 심하다.

나는 금방이라도 펑펑 울음을 터뜨릴 참이었다. 하지만 생 말로 해적은 절대로 울어선 안 된다. 내가 비록 아홉 살이더라도 말이다.

엄마가 보고 싶고, 투와네트도 그립다. 그러나 생 말로 해적이라면 입 밖에 내서는 안 될 일이다.

무엇 때문에 열 살도 안 된 내가 생 말로의 해적이 됐단 말인가? 물론 영국인한테 붙잡힌 우리 아빠 울먹울먹을 구출해야 한다는 것은 잘 알고 있다. 하지만 나는 생 말로에서 성벽을 따라 뜀박질을 하거나, 모래밭이나 드모아젤 동굴 속에서 놀 나이다.

열 살짜리 해적한테 전쟁은 너무나 가혹하다. 저녁에 화롯가에서 엄마가 끓여 주는 수프를 먹었으면! 영국인들은 나한테 먹을 것을 전혀 주지 않았다. 발타자르가 배고파하자 내 가슴은 찢어질

듯 아팠다.

이처럼 해적의 무게에 온통 짓눌린 섬세하고 유약한 장의 모습은 단호한 말투, 날카로운 겉모습에 쥐를 애완동물로 키우고 있는 투와네트의 모습과 좋은 대조를 이룬다. 전혀 남자답지 않은 소년과 전혀 여성스럽지 않은 소녀의 사랑. 영국과 프랑스 사이의 민족 감정의 대립을 투와네트와 장의 사랑 – 결혼이라는 공식으로 푼 점, 적절한 생략으로 속도감 있는 이야기 전개, 다소 우화적인 인물 설정, 사실성에 대한 근심에서 벗어난 의도적인 가벼움 등은 이 작품을 재미있게 읽히게 하지만 이야기 자체로 보면 특이할 것이 없다. 그러나 장의 운명이 투와네트에게 달려 있다는 점에 주목하면 아무래도 이 작품은 여느 왕자·공주 이야기와는 다르다. 영국 왕이 이끄는 함선을 만난 생 말로의 해적선은 형편없이 패배하지만 포로로 갇혔던 장은 투와네트의 생쥐를 "컴, 컴 위드 미" 하고 영어로 달래는 통에 왕의 부하들 눈에 띄고 투와네트가 준 은팔찌를 영국 왕에게 내보임으로써 포로 신세를 면하고 새 옷과 맛있는 음식을 얻을 뿐만 아니라 영국 왕의 딸(투와네트)을 데려오면 금으로 몸치장을 시켜 주고 못 데려오면 목을 매달아 죽인다는 협박을 받는다. 장이 죽느냐 사느냐는 오로지 투와네트에게 달려 있다. 결국 영국 선원들이 "선머슴 같은 계집애"가 되어 버린 "우리 공주님"을 찾아내고 장은 목숨을 건진다. 그뿐이 아니다. 장은 또한 이 다음에 커서 영국 여왕이 될 투와네트와 결혼해서 영국 왕이 된다면 "생 말로의 어린이들이 맘껏 뛰어다니면서 놀고, 잠자고, 어머니가 끓여 주는 수프를 평화롭게 먹도록 해 주겠다!"는 꿈을 꾼다. 이처럼 꼬마 해적 장의 이야기는 왕자의 손에 의해 구출되는 대개의 공주들, 왕자와 결혼해서 하루아침에 운명이 바뀌는 여자들의 이야기를 그린 여느 동화들과는 확실히 구별된다.

: 가장 좋은 신랑감을 찾아서

『아기돼지 세자매』라는 그림책이 있다. 이 작품은 『아기돼지 삼형제』 이야기의 줄거리 변형을 통해서 시대와 문화 배경에 따른 가치관의 변화를 보여 준다. 뿐만 아니라 '형제'가 아니라 '자매'라는 표현에서 벌써 짐작할 수 있듯이 페미니즘적인 요소도 강하게 지니고 있다. 이 이야기는 혼기에 이른 세 마리의 돼지가 엄마 돼지의 품을 떠나는 것으로 이야기가 시작된다. 이들이 집을 떠나는 것은 '제일 좋은 신랑감'을 찾기 위해서다. 떠나는 딸들에게 엄마 돼지는 금화가 든 주머니를 하나씩 나누어 준다. 금화 주머니는 자본주의를 상징하는 물건이다. 원래 이야기에서 아기돼지 삼형제는 지나가는 사람에게서 각각 지푸라기와 나뭇가지와 벽돌을 얻어 집을 지었다. 이 이야기가 구전되던 시대에는 집이라는 것을 그렇게 지어서 가졌을 터이다. 그렇게 지어진 집의 완성도는 집짓는 데에 들어간 땀의 양과 비례했을 것이다. 그래서 지푸라기집, 나뭇가지집을 아무렇게나 뚝딱 지어 놓고 태평스레 놀

왔던 첫째, 둘째 돼지는 그 나태함의 대가를 치러야 했던 것이다. 그러나 현대 산업사회에서 집이란 손수 짓는 것이기보다는 돈으로 사는 것이다. 첫째 돼지는 튼튼하다는 이유 때문이 아니라 안락한 것이 좋아서 금화 주머니를 다 털어서 벽돌집을 산다. 그러나 가장 비싼 이 벽돌집은 그보다 덜 비싼 나무로 만든 둘째 돼지의 집이나 짚으로 만든 셋째 돼지의 집보다 더 안전한 은신처가 되어 주지 못한다. 『아기돼지 삼형제』의 벽돌집은 단단한 집이 좋은 집이라고 말해 주는데『아기돼지 세자매』의 벽돌집은 비싼 집이 좋은 집은 아니라고 말해 준다.『아기돼지 삼형제』의 셋째 돼지는 벽돌집 덕분에 살아남는데,『아기돼지 세자매』의 첫째 돼지는 벽돌집의 덕을 전혀 보지 못한다. 돼지 가면을 쓴 늑대가 나타나 청혼을 하자 겉모습만 보고 그와 결혼을 하면 호사스런 생활을 보장 받을 것으로 믿고 스스로 문을 열다가 잡아먹히기 때문이다. 돼지 가면을 쓴 늑대에게 속기는 알뜰한 둘째 돼지도 마찬가지다. 건장해 보이는 그와 결혼하면 겨울에 땔 나무 걱정은 없겠다는 생각으로 늑대를 맞아들이는 둘째 돼지.

가면. 그렇다. 복잡한 현대 사회에서 늑대는 이처럼 거짓의 너울을 쓰고, 노골적인 위협이라기보다는 달콤한 유혹의 형태로 다가온다. 그 유혹에 넘어가는 것도 저항하는 것도 전적으로 아기돼지 자신들에 달려 있을 뿐이다. 선량해 보이는 가면을 쓴 남자(늑대)에게 여자(돼지)의 행복이 달려 있지 않듯이, 외부적인 요

슬픈 거인

소인 '집'은 돼지를, 여자를, 그리고 우리를 보호하지 못한다. 현실이 그렇다. 특별한 무기 없이 원시적인 방법으로 적을 물리치던 시대에는 튼튼한 집이 보호막이 될 수 있었다. 그러나 핵전쟁 시대에는 첨단 설비를 갖춘 은신처도 적의 위험으로부터 우리를 구해 주지 못할 것이다. 『아기돼지 세자매』의 벽돌집은 더 이상 『아기돼지 삼형제』의 벽돌집이 지니는 '힘'을 지니지 못한다. 힘은 벽돌에 있지 않고 가면에 있다. 집에 돈을 쏟아붓지 않은 초가집의 셋째 돼지가 살아남는 이 작품은 그 점을 강조하고 있다. 가면의 뒤를 보는 능력을 갖지 못한 첫째 돼지와 둘째 돼지는 제 스스로 늑대 먹이가 되어 간 셈이지만 가면의 힘을 알아차린 셋째 돼지는 늑대의 속임수를 역이용한다. 결혼 혹은 달콤한 미래에 대한 환상으로 돼지 가면을 쓴 얼굴만 보고 정작 늑대의 발은 보지 못한 어리석음 혹은 순진함 때문에 첫째, 둘째 돼지는 늑대에게 잡아먹히고 만다. 현실을 직시하지 못하고 수동성의 꿈에 머무른 여자(돼지)들의 완전히 실패로 돌아간 삶. 그러나 셋째 돼지는 다르다. 언니 돼지들을 먹어 치운 늑대가 나무 그늘에서 부른 배를 내밀고 낮잠을 청할 때, 거짓을 간파한 셋째 돼지가 도리어 가면을 쓰고 나타난다. 돼지 가면을 쓴 늑대와 늑대 가면을 쓴 돼지, 그러니까 가짜 돼지와 가짜 늑대의 만남. 가짜들의 싸움일 망정 늑대가 돼지를 이긴다는 현실의 법칙은 살아 있다. 그러니까 (늑대 가면을 쓴) 돼지가 (돼지 가면을 쓴) 늑대를 생포한다. 말도 안 되는 코미디일 망정 통쾌한 복수다. 속임수로 속임수를 이기는 신나는 역전이다.

먹고 먹히는 세계에 대한 어른들의 기우(杞憂)는 속임수의 세계에 대해서도 유효할 수 있다. 그러나 세상에는 약육강식의 법칙이 존재하고 악의 유혹이 늘 도사리고 있듯이 인생은 크고 작은 속임수들로 점철된다. 아이들에게 그런 사실을 숨겨서 세상을 막연히 아름다운 것으로 믿게 하는 것은 전혀 교육적인 태도가 못 된다. 인간의 어두운 면은 가린다고 해서 없어지는 것이 아니니까. 『아기돼지 삼형제』의 셋째 돼지도 약속보다 이른 시간에 사과밭과 무밭에 나가 늑대를 따돌리는 등 속임수를 써서 늑대를 물리치고, 『아기돼지 세자매』의 셋째 돼지도 가면이라는 속임수를 써서 늑대를 이긴다. 이쯤 되면 아이들의 머릿속에 속임수는 나쁜 것이라는 단순한 도식이 생기지는 않을 것이다. 게다가 가면이라는 속임수는 예술적이기까지 하다. 거짓말과 예술과 현실적인 올바름이라는, 범주가 다른 몇 가지 이야기가 입체적으로 얽혀 있는 가면을 패러디에 도입한 『아기돼지 세자매』. 이 작품은 (늑대 가면을 벗어 던진) 돼지가 (돼지 가면을 벗어 던진) 늑대를 밧줄로 꽁꽁 묶어 산 채로 끌고 가는 것으로, 즉 셋째 돼지의 승리로 끝난다. 아니 안 끝난다.

자, 아기돼지 세자매 이야기는 이렇게 끝이 나요……
가장 좋은 신랑감은 어떻게 되었냐구요?

늑대를 사로잡았다는 소문이 퍼지자,

슬픈 거인

셋째 돼지와 결혼을 하겠다는 돼지들이 줄을 섰어요.

하지만 가장 좋은 신랑감을 찾았는지는 아무도 몰라요.

또 한 번의 반전. 돼지 자매들은 처음부터 "신랑감을 찾는 것"을 길 떠나는 목적으로 삼지 말았어야 했다는 얘기다. 늑대를 잡을 능력이 있는 여자 돼지는 자신을 편안하거나 행복하게 해 주는 것이 '신랑'이라고 믿고 살 필요가 없는 것이다. 결국 이 이야기가 던지는 질문은 가령 이렇다. 여자의 행복은 결혼에 달려 있는가? 어떤 남자를 선택하느냐에 따라 여자의 인생은 달라지는가? 결혼은 꼭 해야 하는 것인가?

: 너희들은 돼지야

그럼에도 불구하고 대부분의 여자들은 결혼을 한다. 그리고 어느 누구도 대수롭지 않게 생각하는 가사 노동에 시달리면서도 가족들에게 그다지 인격적인 대우도 받지 못한 채 살아간다. 그것이 여성들의 평균적인 삶이다. 『돼지책』은 그런 여성들의 현실을 다룬 그림책이다. 표지부터 그 점을 극단적으로 보여 준다. 여자 한 사람이 자기 몸집보다 훨씬 큰 남자와 두 아이, 이렇게 세 사람을 업고 있다. 무슨 블록 쌓기 놀이라도 하는 것처럼 구부정한 허리, 무표정한 얼굴로 세 명의 건장한 남자 혹은 아이를 업고 있는 여자. 무표정하고 어두운 그녀와는 달리 업혀 있는 세 사람의 얼굴은 발그레하게 화색이 돌고 만족한 웃음들을 머금고 있다. 그들을 업고 있다는 것이 그녀에게는 현실인데, 그들에게는 그렇지 않은 것일까. 그녀는 그들을 모두 한꺼번에 업고 사느라고 너무나 힘이 드는데, 그들은 그걸 모르는 것일까. 한 가정 안에 존재하는 전혀 다른 현실들. 작가는 그중에서 유일한 여성인 주부의 현실을 보여 준다. 이야기는 다음과 같이 시작된다. 피고트 부인은 남편과 두 아들과 함께 살고 있다. 그런데 이 간단한 사실이 첫 페이지에서부터 전혀 다른 모습으로 소개되어 있다.

피고트 씨는 두 아들 시몬과 패트릭과 함께 멋진 집에서 살았습니다. 멋진 정원이 있고, 멋진 주차장 안에는 멋진 자동차가 있는 집이었습니다.

집 안에는 그의 아내가 있었습니다.

이야기의 시작을 알리는 이 글 위에는 마치 가족사진과도 같은 그림이 있다. 그림에는 양복을 잘 차려입은 아버지와 두 아들이 멋진 정원, 멋진 자동차, 멋진 집을 배경으로 가슴께에 팔짱을 끼고 떡 버티고 서 있다. 넥타이까지 매고 주름이 선 바지에 코끝이 반짝거리며 윤이 나는 구두를 신고 영양이 좋아 보이는 얼굴을 한 세 명의 남자들에게 작가는 이름을 부여했다. 피고트 씨, 시몬, 패트릭. 그러면서 표지에서 그 세 명의 남자를 업고 있는 우리의 주인공에 대해서는 "그의 아내"이며 "집 안에" 있다고 말할 뿐이다. 한 장을 더 넘겨도 "그의 아내" 모습을 볼 수가 없다. 아침 식탁에 앉아서 신문을 펴 들고 있는 남편과 두 아들은 아침을 달라고 재촉하고 있다. 날마다 "매우 중요한" 학교에, 직장에 가기 전에 "아침 빨리 주세요"라고 외쳤다는 간단한 글이 펼쳐진 페이지 양편에 나란히 놓여 있다. 배경 그림이 없는 흰 바탕에 그려진 세 남자는 화면 바깥쪽으로 시선을 준 채 입을 동그랗게 벌리고 있다. 소리를 지르고 있는 것이다. 두 아이뿐만이 아니다. 아버지의 얼굴을 가린 신문 속의 모든 동물, 사람도 아이들과 똑같은 모양으로 화면 바깥을 쳐다보면서 입을 벌리고 있다. 그 벌어진 입들에서 한꺼번에 소리가 터져 나오는 것 같다. 강하게 권리를 주장하는 것 같다.

다음에 이어지는 장면은 펼친 화면 두 페이지에 똑같은 크기로 작게 나누어진 네 개의 네모난 틀이 있다. 그리고 그 틀 속에 피고트 부인이 비로소 모습을 나타낸다. 설거지를 하고, 침대를 정리하고, 진공청소기를 돌리고, 출근길에 나서는 그녀의 얼굴은 알아보기 힘들다. 등을 보이고 선 뒷모습이거나 고개를 숙인 채 일을 하고 있는 모습이기 때문이다. 세 남자와는 영 딴판으로 그녀는 허름한 스웨터와 스커트 차림이다. 그녀를 가두고 있는 네 개의 네모난 틀 속은 앞의 그림들과는 달리 갈색의 모노톤이다. 색깔 없이 작게 그려진 그녀는 부엌의 식기들, 흐트러진 침대, 청소기가 돌아가는 실내, 그리고 아마도 버스 정류장인 듯한 길거리와 거의 같은 톤으로 그려져 있다. 그녀가 주제이고 부엌과 청소기와 침대와 길거리가 배경인지, 그녀 역시 다만 그 배경들의 일부인지 언뜻 구별이 되지 않는다.

　남편과 아들들이 그들의 "매우 중요한" 직장과 학교에서 돌아오면 똑같은 일이 반복된다. 빨리 저녁을 달라고 아우성이고 풍성한 저녁 식사를 마친 그들이 방만한 자세로 텔레비전에 푹 빠져 있는 동안 피고트 부인은 설거지를 하고 빨래를 하고 다림질을 하고 무언가 먹을 것을 좀 더 장만한다. 아침과 똑같이 진행되는 이 장면들은 그림에 의해서 훨씬 강조되어 있다. 아침 장면에는 피고트씨와 두 아들의 행동이 두 페이지에 걸쳐 한 개의 컷에 그려져 있다. 그리고 피고트 부인의 가사 노동은 두 페이지에 걸친 네 개의 컷에. 그러나 저녁이 되면 피고트씨와 아들들의 무례한 행동들은 다섯 페이지, 네 개의 컷에 걸쳐서 묘사되어 있다. 글은, 저녁을 빨리 달라고 재촉하고 피고트 부인은 설거지와 빨래 등을 했다고 아침과 똑같이 조용하게 적혀 있지만 그림에서는 강한 크레셴도가 느껴진다. 여전히 나비 넥타이에 반짝거리는 구두를 신고 안락의자에 앉아 신문을 펴든 채 아내를 향해서 밥 달라고 소리를 지르는 피고트 씨. 식탁에 앉은 그의 모습은 소시지와 감자튀김이 담긴 접시 앞의 입과 손으로 남는다. 코 윗부분의 얼굴이 잘린 확대 화면으로 그려져 있기 때문이다. 이 세 남자가 행사하는 말 없는 횡포의 절정은 저녁 식사 후 텔레비전 앞에 앉은 모습이다. 펼친 두 페이지에 가득 들어찬 거실 장면. 글은 물론 여백도 테두리도 없이 그려진 바닥의 카펫과 벽지의 분홍색이 우선 답답하다. 작품 전체에 걸쳐서 여백이 하나도 없는 그림은 이 장면뿐이다. 게다가 세 남자는 입을 꾹 다물고 있다. 소파 위아래에 늘어져 있는 개와 고양이도 한껏 게으른 모습이다(게으를 수 없는 피고트 부인은 개만도 고양이만도 못한 대접을 받는다는 걸까). 소파 팔걸이에 한쪽 다리를 걸치고 삐딱하게 뒤로 반쯤 누워 있는 피고트 씨와 텔레비전에 빨려 들어갈 듯이 턱을 괸 똑같은 포즈로 앉아 있는 시몬과 패트릭. 화면 제일 가운데 아래쪽으로 뒷모습 일부만 보이는 시커먼 바보상자(텔레비전)에선 어떤 프로그램이 나오고 있는지 독자는 알 길이 없다. 아니, 어떤 프로그램이라도 상관이 없을 것이다. 텔레비전 앞에서 그대로 바보가 되어 가고 있는 그들의 모습만이 커다랗게 독자를 압도한다. 화면 왼쪽 구석, 피고트 씨 위쪽에 걸려 있는 액자 속의, 이 작품의 일러스트레이션과는 다른 아주 사실적인 그림이 눈에 띈다. 콧수염을 양쪽으로 치켜세우고 챙이 넓은 모자, 화려한 귀족의 복장을 차려입은 남자가 모든 것을 비웃는 듯한 눈길로 내려다보고 있는 그 그림은 지나간 시대의, 그러나 오늘날도 이처럼 계속되고 있는(!) 남성적인 권위를 상징하면서 압도감을 더한다.

이쯤 되면 숨막힐 만도 하다. 피고트 부인이 집을 나가 버릴 만도 하다. 어느 날 피고트 씨와 두 아이들이 집에 돌아와 보니 아무도 맞아 주는 사람이 없다. 벽난로 위의 하얀 봉투 한 장. 그 속에는 "너희들은 돼지야"라는 딱 한 마디가 적힌 종이가 들어 있다.

피고트 부인이 없어진 집 안은 그야말로 엉망진창이 된다. 그녀가 있는 동안 세 남자가 "먹고 놀기만 하는" 돼지였다면, 그녀가 없는 집 안에서의 그들은 "더러운" 돼지가 되어 간다. 스스로 해 먹는 음식은 시간만 엄청나게 걸리고 맛은 끔찍하게 없고, 부엌에는 하나 가득 설거지가 쌓여 가고, 청소 안 한 집 안은 지저분하기 짝이 없고…… 늘 말쑥한 양복 차림이었던 세 명의 남자가 먹을 것이 하나도 없어진 어느 날, 돼지우리를 방불케 하는 집 안에서 정말 돼지들처럼 엎드린 채 음식 부스러기를 찾느라 집 안 구석구석을 더듬고 다닐 때 피고트 부인이 나타난다. 어둡고 더러운 집 안에, 열린 문으로 쏟아져 들어오는 빛을 등지고 우선 그림자로 들어온 그녀. 엉덩이와 발만을 내보인 채 먹을 것 탐색에 여념이 없는 세 마리 돼지들 앞에 길게 늘어선 사람 형상의 그림자로 나타난 그녀는 그 돼지들과는 차원이 다른 영락없는 구세주다. 그녀가 남편과 아이들을 돼지라고 생각하고 있는 동안 그들은 만족한 돼지같이 행동했다. 그리고 그녀가 그들에게 "너희들은 돼지야"라고 말한 그 순간부터 그들은 정말 돼지가 되었다. 글에는 나타나 있지 않은 그 과정이 그림 속에 통쾌하게 드러나 있다. 피고트 부인이 두 아들과 남편에게 "너희들은 돼지"라고 말하기 이전에도 세명의 남자들이 등장하는 그림에는 언제나 돼지가 있다. 콘플레이크 상자 속의 그림으로, 돼지 저금통으로, 그림자로 또는 소시지로…… 말하지 않고 있는 동안에도 그녀는 그들을 돼지라고 생각하고 있었던 것이다. 그렇게 보일 듯 말 듯 숨어 있던 돼지들은 그 녀가 가출을 한 날부터 두드러지게 자취를 드러내기 시작한다. 귀가하는 피고트 씨와 아들의 윗저고리에 달린 브로치가, 벽에 붙어 있는 전기 스위치, 방문 손잡이가 돼지 얼굴로 변해 있다. 집 안을 둘러보며 피고트 부인의 부재를 확인하는 동안, 또 벽지에 가득 피어 있는 꽃, 벽난로 위에 걸린 그림 속의 인물 얼굴, 사진 속의 아기, 꽃병, 연필꽂이, 벽난로 타일, 부젓가락의 손잡이가 돼지로 변해 있다. 시선이 전혀 돼지로부터 자유로울 수 없어진 집 안에서 평화로운 풍경화 액자 속, 돼지 얼굴로 변한 남자 옆에 오려낸 것처럼 없어진 여자의 흔적만이 피고트 부인의 가출을 상징적으로 보여 준다. 그 후, "너희들은 돼지"라고 적은 종이를 펴 보는 피고트씨의 손이 돼지의 앞발로 그려져 있는 것을 시작으로 피고트씨와 두 아이는 물론, 집 안의 모든 물건뿐만 아니라 하늘에 떠 있는 달도, 바깥 세상과의 연결을 상징하는 전화기도 돼지로 변해간다. 남성적인 권위의 상징이던 콧수염 기른 남자의 초상화 속의 얼굴마저 멍청하고 겁먹은 돼지의 얼굴이 되어 있다. 설상가상으로 절망에 빠진 아기돼지들이 오로지 "엄마 언제 와요?"를 아빠돼지에게 되뇌고 있는 밤, 창밖의 그림자는 호시탐탐 돼지들을 노리는 늑대의 형상을 하고 있다. 그 돼지들은 피고트 부인이 나타났을 때, 무릎 꿇고 "제발 돌아와 달라"는 자신들의 애원을 받아들여 다시 집 안에 자리를 잡았을 때, 그리고 그들을 돼지가 아닌 인간으로 보기 시작했을 때 비로소 정말 인간이 되었다. 그리고 아내를, 엄마를 인격체로 인식하게 되었다. 그녀의 욕망을 이해하고 그녀의 권리를 존중하게 되었다. 하여, 남편과 두 아들은 가사 노동을 돕게 되었다. 단순히 '돕게' 된게 아니라 '즐기게' 되었다. 그제서야 비로소 피고트 부인은 표정을 되찾은 '엄마'가 되었다. '행복해졌다'는 뜻이다.

남편과 아이들이 앞치마를 두른 채 요리가 끝난 음식 그릇을 들고 웃음 띤 얼굴로 서 있는 그림 곁에는 이제까지와는 달리 빨간 스웨터에 멜빵 바지를 입은 그녀의 상반신 그림이 나란히 놓여져 있다. 그리고 그 밑에는 "엄마도 행복했습니다"라고 적혀 있다. '엄마'의 초상은 앞의 모든 그림들과 다르다. 이제까지는 모든 인물들이 꼭 찍어 놓은 점과 짤막한 선으로 표시되는 눈·코·입 때문에 만화에 나오는 사람 같아 보였다. 그러나 '엄마의 초상'은 배경 그림이 없는 하얀 바탕에 오려 붙인 사진 같다. 입체적으로 표현된 눈동자와 입술 그리고 코와 뺨의 굴곡 등으로 인해서 표정이 있는, 다시 말해서 내면 세계가 있는 진짜 사람 같아졌다. 그러나 남편과 아이들이 음식을 만들고 청소를 하게 되어 행복한 엄마란 하녀에서 여왕쯤으로 승격된 여성을 말하는 것이 아님은 그녀의 옷차림이, 그리고 그 뒤에 이어지는 마지막 그림이 말해 준다. 그녀는 활짝 웃는 얼굴로 그 '멋진' 자동차를 수리하고 있기 때문이다. 성 역할 혹은 여성스러움에 대한 고정관념 지우기, 혹은 평등하게 나누는 노동 속에서 확인되는 인간다움. 자칫 구호의 차원으로 떨어질 수 있는 상당히 건조하고 보기에 따라서는 과격할 수도 있는 이 같은 여성 해방운동의 메시지를 담고 있는 이 작품이 예술적으로 승화될 수 있는 것은 일러스트레이션 덕분이다. 글이 단순한 이야기의 골격만을 전하고 있다면 그림 속에는 풍부한 감정이 들어 있다. 잘 계산된 컷 크기와 분량, 적절한 배경 그림의 사용 혹은 생략, 감정의 농도에 따라 달라지는 색감 그리고 무엇보다도 돼지 모티프를 풍자적으로 사용하는 일에 성공했기 때문에 『돼지책』은 다른 어떤 어린이 책보다도 강렬하고 직접적으로 페미니즘을 말하면서도 도전적이기보다는 유머러스한 작품이 되었다.

: **도대체 아빠들이 왜 필요한 거예요?**

그럴 수도 있을 것이다. 맞벌이 부부의 가정을 떠올려 보자. 아이들 입장에서 보면, 하루 종일 가정을 위해서 무언가를 하는 엄마의 필요성은 눈으로 확인할 수 있지만 아침 일찍 나갔다가 밤늦게 돌아오고, 어쩌다 집에 있는 휴일이면 텔레비전이나 신문에 얼굴을 박고서 집안일을 하기는커녕 아이들과 같이 놀 생각조차 하지 않는 아빠들이 왜 '필요'한지 알 수 없을 수도 있을 것이다. 출근길에 버스 속에서 만난 꼬마가 제 엄마에게 "아빠들이 왜 필요"하냐고 묻는 걸 보고 충격을 받은 우리의 주인공 글렌 칼 제바스티안젠(『아빠가 길을 잃었어요』의 '아빠.' 이하, '아빠'라고 부르기로 한다)은 그 엄마 대신 나서서, 돈을 벌어 온다는 둥, 페인트칠을 한다는 둥, 자동차를 몬다는 둥, 고장난 물건을 고친다는 둥 대답이 될 만한 말들을 주워 섬긴다. 하지만 아이는 매번, "그건 엄마도 하는데요"라고 대답해서 우리의 '아빠'를 당황하게 만든다. "엄마들은 할 수 없는데 아빠들은 할 수 있는 그런 뭔가"를 골똘하게 생각하면서부터 '아빠'는 온통 뒤죽박죽이 되기 시작한다. 실제로 아빠가 길을 잃은 이유는 이사 때문이다. 이사하는 날 엄마와 아빠 중 한 사람은 출근을 하지 못하겠다는 엄마의 판단에 아빠가 자신의 일은 "매우 중요"하다며 맞섰던 것이다. 하여, 타협 안으로 엄마가 자동차를 쓰겠다고 하는 바람에 아빠는 평소에 타지 않던 버스를 타게 된다. 그리고 느닷없이 자신의 존재 자체를 의심해 보게 하는 어린아이의 질문에 맞닥뜨리게 된다. 갑자기 자기가 "좋아했던 것, 믿었던 것에 대한 많은 생각들이 사라져" 버리고 "새롭고 아주 낯선 생각들"이 떠올라 섬뜩해진 채 "얽히고설킨 문제에 대해 곰곰이 생각"하다가 어느 정거장에 내려야 새로 이사한 집으로 갈 수 있는지 알 수 없게 된다.

이 작품은 전체가 열네 개의 장으로 되어 있다. 우선 '이야기의 시작'과 '이야기의 끝'이라는 두 개의 장이 있다. 그리고 월요일부터 토요일까지의 여섯 날이 낮과 그 전날 밤으로, 그러니까 '12월의 첫번째 월요일' '12월의 첫번째 화요일 전날 밤' '12월의 첫번째 수요일 전날 밤'…… '12월의 첫번째 토요일 I' '12월의 첫

　　　　　　　　　　　　　　　슬픈 거인

번째 토요일 II'라는 열두 개의 장으로 되어 있다. 이 중에서 월~
토요일의 낮들은 방향 감각을 잃고 초라하고 불쌍한 모습으로 헤
매면서 "내가 예전에 나의 가족에 대해서 한 번도 생각해 본 적이
없다는 게 맞는 말인지도 모"른다는 생각을 하면서, "남자답"지도
"침착하"지도 못하게 외로움에 시달리고 있는 아빠의 객관적 현실
을 보여 준다. 반면에 화~토요일의 전날 밤들은 혼자 길거리를 헤
매면서 탐험가를 만나고, 행글라이더를 탄 젊은이를 만나고, 카레
이서를 만나는 아빠의 주관적 현실 혹은 내면적 삶을 보여 준다.
이들은 아빠로 하여금 남자다운 용기에 대해서, 내려다본다는 것
에 대해서, 단거리 주행에 대해서 그리고 외로움에 대해서 생각하
게 만든다. 그리고 크고 강해지고 싶어하며 이름을 내고 싶어하는
가 하면, "사나이는 환상에 젖거나 빈둥거리다가 때를 놓치면 안"
된다고 생각하며 초조하고 고독하게 앞만 보고 나아가야 한다
는 강박관념에 사로잡혀 있는 남자들 일반의 욕망에 대해 생각해
보게 만든다. 그리하여 아빠는 깨닫는다. 자신에게 가족이 얼마나
필요하고 소중한지를. 빨리 달리면 "모든 것이 순식간에 휭휭 소
리내며 지나가 버"린다는 것을. 그리고 "아이들과 엄마가 이사 간
신축 주택 단지에는 거리 여기저기에 장애물도 많고, 속도 제한도
있으니까" 집을 찾으려면 속도를 늦추어야 한다는 것을. 그런 아
빠가 토요일 전날 밤에 찾아간 곳은 아빠의 엄마가 살고 있는 집.
그 속에서 아빠는 자신의 유년을 만난다. 그 속에서 아버지를 기
억해 낸다. 여러 명의 탐험가와 우주 비행사들, 알피니스트, 세계

신기록을 세우는 금메달리스트들 등등의 영웅들 사진을 걸어 주던 아버지…… 초라한 자신의 몰골과 그 사진들을 비교하며 한숨을 내쉬던 아빠의 "머릿속에 분명한 생각이 떠오"른다.

'하지만 말이야…… 아이들이 그런 아빠를 정말로 필요로 할까? 항상 그렇게 돌아다니느라 바쁜 아빠를?'

"아니야, 아이들은 그런 아빠를 필요로 하지 않는다고!"

생각이 정리되고 나자 아빠의 행동은 달라진다. 어머니보다 먼저 일어나 아침 식사를 준비하고, 빨래도 정리한다. 그리고 헛간에 들러 어릴 적에 타던 썰매를 발견하고 알지 못할 슬픔에 사로잡힌다. 썰매에 걸터앉아 그 옛날, 아빠의 아버지와 같이 눈썰매장에 갈 꿈에 부풀었으나 아빠의 아버지는 늘 그럴 시간이 없었던 것을 기억한다. 그러다가 문득 혼자말을 한다.

"그럼, 넌 너의 아이들에게 한 번이라도 물어본 적 있어?"
"어떻게…… 내가 필요한지……"
"난 정말 바보였어. 난 이 세상에서 가장 바보 같은 아빠일 거야!"

아빠가 이렇게 깨달은 것은 토요일이다. 아빠의 방황이 시작

슬픈 거인

된 것, 그러니까 정확히 아빠가 집으로 돌아갈 수 없어지고, 집을 찾아 헤매면서 완전히 방향 감각을 잃게 되는 일은 월요일에 시작되었다. 그 방황은 월요일에서 금요일까지 계속되었다. 월요일부터 금요일까지는 아빠가 회사 일에 몰두하는 시간이다. 어쩌면 아빠가 아빠라는 사실을 기억조차 못 한 채 보내는 시간들인지도 모른다. 아빠는 월요일의 일과가 끝난 밤에도 낮의 일에서 자유로워지지 못한 채 다음날을 향해 달리고 있는지도 모른다. 그래서 아빠에게는 '12월의 첫번째 월요일' 낮이 지나면 휴식을 취할 수 있는 '12월의 첫번째 월요일 밤'이 찾아오지 않고 '12월의 첫번째 화요일 전날 밤' 그러니까 그 다음 날을 준비하고 기다리는 긴장의 시간이 찾아오는지도 모른다. 매번 그 다음 날을, 그리고 그날들이 지향하는 무언가를 생각하며 보내는 밤들이 아빠를 지독하게 지치게 하는 것은 너무나 당연한 일이다. 그래서 아빠는 마침내 금요일에는 초췌한 모습으로 아무 일도 못 하고 사장에게 "아파 보인"다는, "남자답게 행동하려고 좀 노력"해 보라는 소리를 듣는다. 그게 아니라고 반박을 해 보지만 결국 "집에 가서 약 먹고 침대에 누워 좀 쉬"라는 소리만 듣는다.

집이라니…… 집을 찾을 수가 없는 것이 아빠의 문제가 아닌가. 결국 아빠는 갈 수 있는 '집'에 갔다. 어렸을 때 살던 집, 아빠의 엄마가 살고 있는 집에 간 것이다. 금요일 밤, 그러니까 '12월 첫 번째 토요일 전날 밤'의 일이다. 토요일 전날 밤은 월, 화, 수,

목, 금요일 전날 밤과는 다르다. 주말의 시작이기 때문이다. 그날 밤, 아빠가 만난 사람은 탐험가나 카레이서 같은 무언가에 자기의 삶을 거는 남자들이 아니라 먹을 것과 입을 것과 따뜻한 잠자리를 마련해 주는 어머니였다. 어머니의 보살핌 속에 "몸을 구부리고 엄지손가락을 입 속에 찔러 넣은 채 잠이 들"지만 아빠는 과거의 침대에서 긴 잠을 자지 못하고 한밤중에 깨어난다. 아빠는 더이상 어린애가 아니기 때문이다. 아빠에게는 아빠의 엄마 집이 아니라 아빠 자신의 집이 필요한 것이다. 그 사실을 깨달은 아빠가 맞이하는 토요일, 아빠는 예전의 아빠가 아니다. "엄마(여자)들은 할 수 없는데 아빠(남자)들은 할 수 있는" 일을 생각하는 것이 아니라 여자들도 할 수 있지만 남자들도 할 수 있는 일 혹은 여자들이 하고 있지만 남자들도 해야 하는 일을 생각하는 것이다. 뿐만 아니라 스스로 "제대로 방향을 잡았다는 생각이 드"는 것이다. 달라진 아빠의 토요일은 I과 II, 두 개의 장으로 되어 있다. 두 번 되풀이되는 토요일, 혹은 남성적 강박 관념으로부터 해방된다. 해방된 아빠가 찾아가는 곳은 눈썰매장이고, 눈썰매장에서 아빠가 만난 것은 아이들, 바로 아빠의 아이들이 새로 이사간 집 이웃에 사는 아이들이다. 구원은 이렇게 아이들 편에서 온다.

  페미니즘 (어린이) 소설들은 언제나 여자들에 대해서만 말한다. 남성 우월적인 사고가 팽배하는 가정에서, 사회에서 억압받고 소외되고 있는 여성들을 들여다보면 할 말이 너무나 많기 때문이

슬픈 거인

다. 그런 여성들의 현실에 대해서 말하는 것이 페미니즘 (어린이) 소설들의 존재 이유다.『종이 봉지 공주』나『돼지책』이 그렇다. 대부분의 경우에 그렇듯이 이 작품들도 남자 주인공에 대해서 말하지 않는다. 엘리자베스 공주와 피고트 부인에 의해서 각각 고발당하고 있는 로널드 왕자와 피고트 씨는 어떤 생각을 하면서 사는 것일까? 그들에게 가정은 무엇인가?『아빠가 길을 잃었어요』의 가장 큰 장점은 이런 질문들을 제기해 보았다는 데에 있다. 남성(지배 계급)을 여성(피지배 계급)의 입장에서만 보지 않고 하나의 인간으로 바라보았다는 데에 있다. 그리고 남성과 여성을 대립적인 존재로 보지 않고 '우리'로 보았다는 데에 있다.

과거에 아니 바로 얼마 전까지도 우리는, 끊임없이 인내하며 모든 것을 부드럽게 포용할 줄 알고 조용하고 현명하게 말하고 행동하며 필요하면 언제라도 자기를 희생할 준비가 되어 있는 여성을 바람직한 여성으로 여겼다. 오로지 남성의 입장에서 만들어진 이와 같은 이미지가 20세기말 현재 전혀 존중되지 않는 것은 당연하다. 여성들뿐만 아니라 남성들에게서도. 대신 생겨난 것은 공격적이거나 이기적인 여성의 이미지다. 싸우려고만 들고 이기려고만 드는 직업 여성의 이미지, 노동의 허름함에서 벗어나 화려하게 치장하고 소비 생활에 빠져드는 가정 속의 여성 이미지…… 둘 중 어느 것도 남녀평등의 바람직한 모습이 아니다. 그럼에도 불구하고 오늘의 한국 아이들은 이 두 모습 이외에 다른 모습의 여성상을 보고 들을 수가 없는 환경에서 자라고 있는 것이 적지 않게 걱정스럽다. 남자와 여자가 '우리' 되어 사는 미래를 꿈꾼다면 이 점을 분명하게 인식할 필요가 있다.

슬픈 거인

화성인의 오독에 대한
금성인의 관심

남자와 여자는 다르다. 그래서 남자와 여자가 함께 사는 일은 복잡하다. 아니, 다르다는 사실을 인정하고 어떻게 다른지 이해하려고 한다면 과연 남자와 여자가 함께 사는 일이 그렇게 어려울까? 지극히 상식적으로 보이는 이런 순진한 물음은 현실 속에서 전혀 빛을 발하지 못한다.

쏟아지는 신간들 속에서 읽을 만한 책을 찾아내는 건 쉽지 않은 일이다. 『엄마의 마흔 번째 생일』, 읽지 않아도 무슨 내용인지 알 것만 같은 이 밋밋한 제목의 책에 내가 주목하게 된 것은 「금성인이 쓴 동화에 대한 화성인의 보고서」(유영진, 『책으로 여는 세상』 2005년 가을호에 실림) 때문이다. 금성인, 화성인은 물론 장기 베스트셀러가 되어 더 이상 설명할 필요도 없어진 존 그레이의 『화성에서 온 남자, 금성에서 온 여자』에서 빌려 온 낱말이다. 우연한 기회에 이 '보고서'를 읽게 되었던 나는 뭔가 석연찮은 느낌을 떨칠 수 없었다. 그러다가 마지막에 글쓴이가 "열 번 넘게 고치고 새로 썼는데도, 다 써 놓고 보니 남성의 한계를 고스란히 드러낸 오독 투성의 글이라는 자괴감이 든다. 그래도 금성인의 삶에 관심을 갖고자 동굴을 나온 화성인에게 너무 심한 돌팔매질은 하지 않았으면 한다."라고 쓴 것을 보고 자리를 떨치고 일어나 책을 사러 나갔다. '화성인'의 오독에 자극받은 것은 '금성인'으로서의 본능이었을까. 이 책, 『엄마의 마흔 번째 생일』을 나는 이렇게 만났다.

페미니즘 동화는 꾸준히 쓰여져야 한다고 생각하면서도 작품 하나하나가 주는 감동이 거의 없이 성역할에 대한 고정관념을 흔들고 뒤집는 정도에 만족하는 것처럼 보이는 기존의 동화들에 나는 약간 심드렁하고 불만스러워져 있었다. 『종이봉지 공주』나 『아기돼지 세자매』는 통쾌하지만 너무 단순하고, 『슬기로운 아리테 공주』는 『백설공주』, 『신데렐라』, 『잠자는 숲 속의 미녀』만큼이나 빛이 바랬고, 『돼지책』의 서늘한 풍자, 풍부하고 강력한 이미지는 여전히 매력적이지만 여성들 삶의 결을 보여 주기에는 그림책이라는 장르적 한계가 있다. 『용감한 꼬마 해적』이나 『아빠가 길을 잃었어요』처럼 남성들의 강박 관념이나 피해 의식을 보여 주는 작품들이 그나마 새롭지만 남자와 여자가 다 같이 억압당하면서 첨예하게 대립하고 있는 슬프고도 어리석은 현실을 반영하지는 못한다. 가사 노동의 가치와 엄마의 자아 정체성을 인정해야 한다는 모범 답안을 명시적으로 보여 주는 것 같은 「엄마의 파업」
에 이르면 페미니즘이니 남녀평등이라는 관념이 서사 속에 스미
지 못하고 계몽적 구호처럼 도드라지고 있는 세태가 씁쓸하게 읽
힌다. 이 와중에 읽은 『엄마의 마흔 번째 생일』은 새로운 감동으
로 다가오기에 충분했다.

　'둘째 딸' 가영이의 일인칭 시점으로 기술되어 있는 이 작품은
무엇보다도 재미있다. 할머니의 치매, 엄마의 가출, 가정의 파탄,
할머니의 죽음 등으로 점철되어 있는 이 작품이 무겁기는커녕 유
머러스하기까지 한 것은 작가가 철저하게 거리를 두고 인생을 바
라보는 힘을 가진 탓이다. 그렇다. 힘. 혹은 생각의 단단함. 가까운
모든 것들에 대해서 거리를 둘 수 있다는 것은 한바탕 감정적 격
랑을 치렀다는 뜻이고 생각의 단단함은 그 격랑이 남기고 간 퇴적
물이 굳어서 만들어진 것일 테니까. 상황에 코를 박고 있으면 '부
분' 밖에 보이는 게 없지 않은가. 눈물을 흘리고 있으면 시야가 흐
리지 않은가. 거리를 두고 초점을 맞추어야만 모든 게 제대로 보
인다. 그런 점에서 이 작품이 전지적 작가 시점이 아니라 열세 살
짜리 여자아이의 일인칭 시점을 택한 것은 탁월한 선택으로 보
인다. 아이가 가질 수밖에 없는 단순성, '자기 일'이 아닌 어른들
의 일이기 때문에 생기는 자동적인 거리는 가영이로 하여금 감정
과잉에 빠지지 않고 문제를 담담하게 기술하게 만드는 데에 톡톡
히 한몫하기 때문이다. 물론 가영이가 일반적인 아이들과는 좀 다

른, 남자 같은 데가 있는 여자아이라는 점도 이 작품의 빼놓을 수 없는 매력 중의 하나이다. 작품 내내 '거리 유지'에 성공하고 있는 작가는 보기 드물게 단순하면서도 적확한 언어를 구사한다. 말보다 행동이 앞서고 머리보다 마음을 훨씬 많이 쓰는 대부분의 우리나라 작가들과는 달리 그는 가령, 가영이를 통해서 이런 말들을 할 줄 안다. "내가 하루 종일 사람이라는 생각을 하면서 살지 않듯, 여자라는 생각을 늘 마음에 두지 않는다는 말이 정확하다." "자기 일만 챙기는 엄마는 진짜 싫다. 더 싫은 건, 엄마가 다른 엄마들처럼 평범하게 못 지내는 거다. […] 그런데 평범한 게 뭐지?" "너희 엄마는 여자 아니니? […] 그렇지, 저렇게 유치한 반론이 나올 때가 됐지. 곧 제대로 엉망이 되겠군." "아빠가 놀란 눈으로 나를 바라보았다. 엄마만 변명하지 못하는 줄 알았는데 그 상황이 되니 나도 마찬가지였다." "내 나이에 입장이 다른 두 사람을 한꺼번에 이해하는 일은 쉬운 게 아니다. 하지만 아주 어려운 일도 아니다. 그건 아빠랑 엄마이기 때문이다."

사십이 되는 여자 어른이 치매에 걸린 시어머니를 두고 자기 일을 찾아 나서는 이야기, 그렇게 해서 가정이 붕괴되는 이야기가 주축을 이루는 이 작품을 어른이 아니라 아이를 위해서 쓰는 일은 쉬운 일이 아니었을 거라고 짐작된다. 그래서 여성의 실존적 상황을 이해할 수 없는 우리의 화성인으로 하여금 엄마가 자기 정체성을 확립하려고 하는 건 충분히 이해할 수 있지만 왜 하필 할머니

슬픈 거인

가 치매에 걸려 그 어느 때보다도 엄마의 손길이 필요한 바로 지금, 하필 지금 그래야 하는지 의문이 생기게 만들었을 거라고 생각된다. 우리의 화성인은 가영이와 가희의 대화를 통해서 그리고 엄마와 짬미(가영이 외할머니)의 대화 속에서 스스로 대답을 찾아낸다. 그것은 중년 여성의 위기, 자신의 삶에 대한 욕망의 재발견이라고. 화성인다운 대답이다. 동전에도 양면이 있다. 같은 사태도 안에서 바라보는 것과 밖에서 바라보는 것이 다르다. 그래서 이 문제에 대한 금성인의 대답 또한 다를 것이라고 본다.

욕망의 문제. 과연 작가는 욕망의 문제를 이야기하고 있다. 그러나 그것을 중년의 서러움과 외로움에 눈 뜬 엄마의 문제로만 본다면 아빠나 고모들이나 가영이, 가희처럼 엄마를 이기주의자로 볼 수밖에 없다. 사십을 훌쩍 넘긴 금성인이기 때문일까, 내 눈에는 가영이 엄마가 이기적으로 보이지 않는다. 이기적이라니, 그렇게 따지면 고모들도 아빠도 가희도(가영이는 나름대로 가족을 위한 '희생'을 하고 있지만 그것도 일종의 생존전략이다) 다 이기적이지 않은가. 코드는 '이기'가 아니라 '공평'이어야 할 듯하다. 아이러니컬하게도 엄마를 이기주의자로 몰고 있는 모든 가족들이 '이익'문제에 골몰해 있는 반면 엄마 혼자만 삶을 '전체'로 통찰하고 있다. 욕망의 문제를 죽음과 연관시켜서 볼 줄 안다. 그래서 병든 어머니를 두고 가족들이 터부시하는 '죽음'이라는 말을 담담하게 입에 올릴 수 있는 것이다. "누나들도 와서 어머니 상태가 어떤

지 알아야 하잖아? 지금부터라도 일주일에 하루쯤 와서 어머니와 시간을 보내야 이다음에 어머니 돌아가시고 나서도 후회 안 하지. [……] 언제요? 어머니 돌아가신 다음에요? [……] 냉정하게 들리겠지만 저는 어머님이 더 좋아지지는 않을 거 같아요. 그래서 형님들도 어머님을 좀 더 찾아뵈어야 할 것 같고요. 어머님도 형님들 오면 표정부터 달라지시잖아요?" 남편에게도 시누이들에게도 이기주의자로 치부되면서도 이렇게 말하는 가영이 엄마 눈에는 기실 죽음이라는 것을 앞두고 세상을 떠날 자와 살아남을 자들의 욕망과 회환이 다 보이는 것이다. 그래서 시어머니의 치매를 확인한 날부터는 더욱 고분고분해졌고, 타일 사이를 후벼가며 청소하는 버릇이 생겼고, 울음이 많아진 것이다. 그러나 이런 행동들은 나레이터인 어린 가영이의 눈에만 보이고 더이상 이해되지 않는다. 인생은 이런 거 아닌가. 인간의 관계에는 서로 이익이 첨예하게 대립되는 '상대방'만 있을 뿐 사태와 문제를 조망하는 제3의 눈이 없는 거 아닌가. 이래서 산다는 건 쓸쓸한 일 아닌가.

또다시 우리의 화성인으로 돌아가자. 그는 가희에게서 자신이 제기한 물음의 대답을 찾으려고 한다. 엄마와 아빠가 사랑하지 않은 것이 아니라 사는 방식을 타협하지 못한 것이라거나 그동안 아빠가 엄마의 삶을 인정하지 않은 것이라거나, 엄마는 마흔 살이기 때문에 더 이상 시간이 없다거나…… 일견 '정답'처럼 보이는 가희의 대답들. 가희는 중학교 3학년이다. 인생과 세상의 가치들

슬픈 거인

을 아직은 선명하게 흑과 백으로 나누어서 바라보는 청소년이다. '잠깐 심각해지면 바로 배가 고픈 불치의 병'에 걸린 축구광, '눈치 있는' 둘째 딸 가영이의 생각들이 만들어 내는 '논리'가 독자들을 내내 즐겁게 하지만 '시한부 공주' 가희의 한 치 망설임 없는 이기 주의 또한 독자들을 통쾌하게 만든다. 이 나이 아이들이란, 때때 로 이렇지 않은가 말이다. 모든 문제에 있어서 어이없이 명쾌한 가희를 보면서 고등학교 2학년짜리 최관석이 썼던 실화 소설 『둥 지』에 나오는 관석이 누나가 생각났다. 빚쟁이들이 몰려와 한바탕 때려 부수는 와중에도, 급식비가 없어 굶어 가면서도, 가정이 풍 비박산이 나는데도 눈썹 하나 까딱하지 않고 악착같이 공부에 매 달려서 명문대학에 장학금을 받고 합격했던 열아홉 살짜리 여자 아이. 어른들이 보기엔 이해할 수 없을 정도로 매사에 태도가 분 명한 이런 아이들은 점점 많아지고 있다. 책 속에도 현실 속에도. 나이가 들어 간다는 건, 흑과 백 사이에 존재하는 회색의 스펙트 럼을 점점 확장해 나가는 일이라고 생각된다. 그런 만큼 마치 회 색을 모르는 듯 모든 것을 흑과 백으로 분명하게 가르는 것은 아 이들의 특성이 아닐까 싶다. 그러나 아빠도 고모들도, 화성인이건 금성인이건 우리 독자들도 더 이상 아이들이 아니다.

　화성인, 금성인이라니. 언제부터 우리는 화성인과 금성인으로 갈린 것일까. 적어도 처음부터는 아니다. 그리고 남자아이들과 여 자아이들도 남자 어른들과 여자 어른들보다는 서로에게 덜 외계인이다. 같은 별에 살고 있는 다 같은 인간이라고 생각해서는 이해할 수 없는 것들을 이해시키기 위해서 존 그레이는 남자와 여자를 서로에게 외계인으로 비유해서 말하고 있지만 나는 남자라는 것, 여자라는 것은 생물학적인 구분을 떠나면 한낱 관념이 아닐까 싶다. 많게든 적게든 화성인의 속성을 지닌 여자들, 그리고 금성인의 속성을 지닌 남자들은 그렇다면 어느 별에서 살아야 한단 말인가! 브루스 코빌의 「앰 아이 블루?」가 생각난다. 청소년들에게 동성애를 이해시키기 위한 목적으로 쓰여진 이 단편에서 작가는 주인공에게 동성애자는 푸른색으로, 이성애자는 하얀색으로 보이게 만드는 초능력을 선사한다. 그의 눈에 비친 세상 사람들 중에 푸른색은 과연 얼마나 될지 독자들은 궁금하다. 그러나 작가는 상큼하게 독자들의 기대를 배반한다. 세상에는 너무 많은 푸른 색의 인간들이 있는 것이다. 아주 파란 사람, 조금만 파란 사람, 푸르스름한 사람, 푸르다기보다는 거의 흰색인 사람! 이런 결론에 이르면 엉뚱한 상상을 하는 일이 즐겁다. 화성인을 빨간색, 금성인을 하얀색으로 볼 수 있는 초능력이 우리에게 주어진다면 눈 앞에 드러날 빨강에서 흰색까지 농도를 달리한 분홍들의 잔치라니!

가영이 아빠의 빨간색과 가영이 엄마의 하얀색도 세상 사람들의 시선으로부터 자유로울 수 있었다면 얼마나 좋았을 것인가. 가영이 엄마가 시어머니 방에 혼자 들어가 웅크리고 있는 장면이나 우는 장면, 시어머니 영정 앞에서 무너지는 장면을 보면서 그

슬픈 거인

런 생각이 들었다. 지구에 사는 금성인에게만 유효한 도덕의 굴레를 못내 부담스러워하고 있는 작가가 안쓰럽게 여겨진 탓이다. 그리고 또한 아쉽기도 하다. 약간 분홍색으로 그린 주환이 외에는 화성인들의 내면을 들여다보지 못하고 있는 것이. 주환이 외에 이 작품에 등장하는 비중 있는 남성이라고는 아빠밖에 없다. 여성은 유년, 청소년, 중년, 노년에 이르기까지 다양하게 분포되어 있는 것에 비하면 확실히 화성인은 코너에 몰릴 수밖에 없이 되어 있다. 자기의 내면을 설명할 줄 모르고 걸핏하면 소리를 지르거나 완력을 행사하는, 그러나 밉기보다는 불쌍한 남자, 아빠 혹은 남편 혹은 아들. 이렇게 쓰고 있자니 우리의 화성인이 은근히 걱정된다. 금성인에게 너무 심한 돌팔매질은 하지 말아 달라고 터놓고 부탁하던 그가 아닌가. 그러나 화성인의 '다른' 눈에도 이 글이 금성인의 돌팔매질 아니라 '관심'이라는 것이 느껴지리라고 믿고 싶다. 금성인들을 이해하기 위하여 동굴 밖으로 나온 그의 용기에 물론 박수를 보내며 더 많은 화성인들이 금성인-화성인 문제에 관심을 갖기를 그리하여 종내에는 수많은 분홍색의 스펙트럼 속에서 금성인과 화성인이라는 이분법이 얼마나 공허한가를 알게 되기를 바란다.

동화 속의 이혼

이혼율 아시아 1위, OECD 국가 2위, 세계 3위. '등수'가 맞는지 모르겠다. 우리들의 '대한민국'에서는 매사에 등수를 매기는 바람에 숫자에 어두운 나는 매번 헷갈릴 뿐 아니라 온 국민이 정작 목적이 무엇인지도 모르고 줄을 서느라 정신이 없는 것 같은 웃지 못할 상상을 하곤 한다. 만화와 일상이 오버랩되는 우울한 현상이다. 그러나 과장이 아니다. 이혼율 1, 2위 얘기 나온 지가 2, 3년 안쪽의 일인 것 같은데 이혼 혹은 재혼을 다룬 동화의 수가 꽤 많았다. 이혼이 결혼만큼이나 평범한 일이 되어 있는 유럽이나 미국의 번역 동화들은 말할 것도 없고 국내 작품들도 열 손가락 안에 꼽을 수 없을 만큼 많았다. 『너도 하늘말나리야』, 『엄마의 마흔번째 생일』, 『걱정쟁이 열세 살』, 『나의 비밀 일기장』, 『엄마 따로 아빠 따로』, 『라라의 꿈』, 『조각보 이불』, 『나는 김이박 현후』, 『나는 바람이야』, 『엄마 아빠가 헤어지면』, 『악어 입과 하마 입이 만났을 때』, 『엄마가 보고 싶습니다』, 『그냥 갈까, 아니아니 손잡고 가자』등등. 그것도 부모의 이혼이나 별거, 불화, 재혼 등이 '배경'이 아니라 작품의 '주제'로 전면에 나서 있는 작품들이다.

이혼이라니. 이혼은 무엇보다도 심각한 일이다. 그런데 대체로 동화 속의 이혼은 도대체가 심각하거나 진지하지 않다. '……결혼해서 행복하게 살았습니다'로 끝나는 동화들에 대한 회의와 의문이 떠돌고 있는 지도 꽤 되었다. 시대와 현실을 알 만큼 알고 있는 어른인 나로서는 이제 '……이혼해서 행복하게 살았습니다'라는 동화들이 나와 주어야 속이 시원할 것 같지만 아이들을 위해서는 절대로 그렇지가 않다. 이혼 후 부부는 서로에게 타인일 수 있지만 아이들에게는 그렇지 않다. 같이 살든 따로 살든 아이들에게 엄마는 엄마고 아빠는 아빠다. 그러니 동화에서 이혼을 다룬다고 하면 엄마와 아빠가 헤어지면서 아이들 삶에 생기는 변화에 주목하는 것이 당연할 것이다. 그런데 내가 읽은 여러 편의 동화들은 극단적으로 말하면 아이들에게 부모의 이혼을 이해시키기 위한 목적으로 쓰여진 것처럼 보였다. 파경에 이른 부부들이 택하는 '현명한 방법'인 이혼이 그들의 아이들에게는 일생의 상처로 남는다는 지극히 상식적인 사실에 주목하는 작가는 왜 별로 없는 것일까? 아이와 어른은 다르다. 달라도 많이 다르다. 아이들은 아는 것이 별로 없지만 그래서 허위의식이 없다. 어른들은 그 반대다. 삶과 인간에 대해서 많은 것을 알고 있는 듯하지만 다들 자신이 경험한 만큼만 알고 있을 뿐이다. 그럼에도 불구하고 그 경험으로 만든 단순한 잣대를 들이대는 일이 잦고 수많은 허상과 소문에 쉽게 내몰린다. 그래서 그럴 것이다. 대체로 아이들에게는 문제가 아닌 것이 어른들에게는 심각한 문제가 되는 편이다. 그러니 아이들이 어른들의 삶을 이해한다는 것은 근본적으로 불가능한 일일 것이다.

　낯설고 이상한 상황은 사람을 두렵고 불안하게 만든다. 그리고 그것은 어른들보다 아이들에게 그 정도가 더 심하다. '엄마'와 '아빠'는 그 두려움과 불안을 쉽게 잠재워 줄 수 있는 존재들이다. 단순한 만큼 아이들은 엄마 아빠 품에서 쉽게 부정적인 감정들을 잊는다. 아니, 엄마 아빠란 그만큼 대단한 힘을 가지는 존재들인 것이다! 적어도 자기 아이들에 대해서 만큼은. 그런데 이혼이란 바로 그 엄마 아빠가 만들어 내는 이상하고 낯선 상황이다. 그건 엄마 아빠가 아이들을 위로하는 힘이 대단한 꼭 그만큼 아이들을 벼랑 끝으로 내모는 나쁜 기운이다. 그래서 그런 거다. 엄마가 아빠랑 싸우고 외가집으로 가 버린 뒤 영수가 매일매일 학원도 빼먹고 만화방에서 시간을 보내는 건(「잃어버린 겨울방학」). 소른이가 유치원 앞에서 손수건을 쥐어 준 채 돌아선 엄마가 돌아오지 않자 몇 년째 손수건을 빨면서 아이들을 깨무는 버릇이 생긴 것도 (『악어 입과 하마 입이 만났을 때』). 엄마 아빠가 이혼한 후 아빠하고만 이사를 가는 건희가 혼자서 "엄마가 떠난 다음부터 난 눈물이 자꾸 나. 나빠. 나빠. 다 나빠. 아빠도 나쁘고 엄마도 나쁘고 누나도 나쁘고 아저씨도 나쁘고 눈물도 나빠. 다 나빠."라면서 혼자서 중얼거리는 것도(『엄마 따로 아빠 따로』).

이혼을 정면으로 다룬 작품 중에 위에 든 세 작품은 빼어났다. 「잃어버린 겨울방학」은 엄마 아빠의 싸움 장면을 리얼하게 다루었는데 불필요한 과장도 없고 마음 둘 데 없는 영수의 불안하고 서늘한 심리묘사가 뛰어났다. 사라진 엄마를 찾아서 서울에서 시골까지 버스와 기차를 갈아타고 간 열 살배기 아들을 안아 주지 않는 '독한' 엄마의 태도나 돌아오는 길, 버스 속에서 혼자 울음을 터뜨리는 영수의 모습은 어리광투성이인 우리 아동문학 판에서 유난히 도드라져 보인다. 『악어 입과 하마 입이 만났을 때』의 소른이와 소른이 짝의 서툰 몸짓은 애정 결핍 증세의 심각성과 아이다운 정의감이 이야기의 재미와 적절하게 어우러진 성공적인 작품이었다. 소른이 엄마 아빠가 어떻게 헤어졌는지에 대한 소른이 본인이나 타인들의 시선에 대해서 작가는 별로 말이 없지만 소른이가 휴대전화를 늘 목에 걸고 다니는 점이나 화가 나면 친구들을 물어뜯는 장면이나 하늘이 컴컴하고 비가 쏟아지는 어느 날 전화기를 붙들고 '엄마'를 외치는 장면을 보면 저절로 눈시울이 붉어진다. 「잃어버린 겨울방학」이 보여 주는 독립적인 아이들의 세계가 이성적인 것이라고 하면 『악어 입과 하마 입이 만났을 때』가 보여 주는 그것은 감성적이라고 할 수 있을 것이다. 『엄마 따로 아빠 따로』는 또 색다른 작품이었다. 한 부모 가정이라는 점에서는 이혼을 다룬 다른 작품들과 마찬가지였지만 아이들이 엄마가 아닌 아빠와 같이 산다. 그리고 그 아빠는 살림 잘하고 아이들 잘 살피고 유머 감각이 있다. 반대로 엄마는 늘 바쁘고 가끔 보는 아이들이 얼마나 컸는지 가늠하지 못할 정도로 무심하다. 자기들 몸에 맞지 않는 옷과 운동화를 보낸 엄마의 선물 앞에 아이들은 서운해 한다. 하지만 작가가 이제까지 우리에게 익숙하던 현실 혹은 동화 속의 엄마 아빠의 모습에 딴지를 거는 것 같아서 반갑다. 털털한 엄마, 자상한 아빠. 이혼이라는 주제를 다루고 있으면서도 위의 두 작품과는 달리 이 작품은 심각하지도 않고 눈물샘을 자극하기보다는 대체로 웃음을 유발한다. 이혼이 몰고 온 건희네 집의 달라진 상황에 대해서 작가가 적절한 거리를 유지하면서 이혼 자체의 비극성에 대해서 말하기보다 이혼 이후에 어떻게 살아가고 있는가를, 혹은 어떻게든 살아가고 있다는 것을 말하고 있는 것이다. 이혼이 정말 많아졌고 앞으로도 점점 더 많아질 전망인 만큼 동화 속에서도 이혼을 한 가정의 파탄으로만 볼 일이 아니다.

유교적 질서와 가부장적 가족제도는 벌써 깨어졌는데도 사람들의 생각은 쉽사리 바뀌지 않는다. 동화 속의 사람들은 특히 더 그렇다. 엄마들은 매양 순종적이고 온화하며 아빠들은 늘 어깨만 무거울 뿐 가족들과 소통하는 법을 모른다. 『엄마 따로 아빠 따로』같은 작품이 눈에 띄는 것은 이러한 현실에 은근히 대안을 제시하고 있기 때문이다. 문학은 시대, 사회적 변화의 문제점을 드

슬픈 거인

러낼 수도 있지만 또한, 특히 동화는 그 변화 속에서 무력한 아이들이 달라진 방식으로 어른과 혹은 다른 아이들과 관계 맺는 모습을 보여 줄 필요도 있다. 이혼 가정의 아이들이 놀림감이 되지 않기 위해서는, 이혼을 했을지라도 나름대로 엄마와 아빠 노릇을 잘하는 관습적이지 않은 새로운 어른들의 모습을 좀 보여 줄 필요가 있다. 유교적 가치관이 더 이상 빛을 발하지 않는 느슨한 연대의 현대적 가정, 한 부모 가정이나 입양아 가족, 각종 형태의 공동체 가정이 기존의 호주제 가정과 자연스럽게 공존하기 위해서는 어른들이 먼저 변해야 하고 가족 이기주의가 없어져야 한다. 그런 점에서 호주제 문제를 다룬 『나는 김이박 현후』는 못내 아쉬운 작품이었다. 별로 나무랄 데가 없는 이 작품 속의 어른들은 너무나도 보수적이다. 할머니 세대들이야 그렇다고 쳐도 전남편의 아이를 가지고 재혼 가정을 꾸린 현후의 엄마도 다소곳하고 순종적인 여성일 뿐 아니라 속 깊고 관대한 현후 아빠는 책임감 강한 가장의 좋은 면만 보여 주는 남성이다. 호주제 철폐 문제에 골몰하고 있는 작가는 '아빠'로 하여금 이민까지 결심하게 만들지만 아이러니컬하게도 현후네 가정은 진보적이 아니라 보수적이다. 아동문학은 단순한 것이 아니라 간결한 것이다. 아이가 학교에서 이름 때문에 놀림을 당하는 정도의 문제로 이민을 결심하고, 또 그 엄청난 결정을 번복하는 과정을 지켜보면서 씁쓸한 것은 작가가 한 편의 동화로 호주제 '문제'를 어떻게든 해 보려고 한다는 느낌 때문이다.

사회가 변하고 생각이 변하고 사람이 변하니, 삶을 반영하는 문학도 변하는 것이 당연하다. 그런 점에서 재혼한 여성이 떠맡게 되는 '새엄마'의 역할을 기존의 팥쥐 엄마나 신데렐라, 백설공주의 계모 이미지에서 벗어나게 해 준 『나의 비밀 일기장』도 소중하고, '엄마'의 실존적 상황 인식을 허락해 준 『엄마의 마흔 번째 생일』도 중요하다. 물론 이 작품들이 훌륭한 것은 그 주제나 소재 혹은 문제의식 때문이 아니라 문학적 완성도 때문이다. 굳이 이 점을 짚어서 말하고 싶은 것은 변화무쌍한 한국 사회를 살다 보니 그런가, 동화 작가들은 누구보다도 문제를 찾고 소재주의에 머무르는 경향이 짙어 보이기 때문이다. 이혼한 엄마도 사랑에 빠질 수 있는 것이라든가, 아빠가 연애를 한다고 아이들에 대한 사랑이 식은 것은 아니라든가, 만날 수 없는 엄마에 대한 그리움은 아이를 훌쩍 자라게 할 수도 있다든가 반대로 엄마의 부재는 아이에게 지울 수 없는 그늘을 드리운다든가 하는 식으로 요약될 수 있는 몇몇 작품들을 읽는 내내 나는 한편으로는 한국 사회의 '빨리 빨리'에 질리고 한편으로는 '해답'에 골몰하는 동화 작가들의 태도에 서글펐다. 우리 사회에서 가족의 해체와 새로운 개념의 가정에 대한 인식은 이제 시작이고 사회문제가 아니라 삶의 다양한 모습들로서의 그것이 만들어 내는 무늬와 파장의 물결을 지켜보려면 아직도 많은 시간이 필요하다. 그리고 무엇보다도 문학은 문제를 문제라고 말할 수 있을 뿐, 답을 만들어 내지는 못한다. 그만그만한 이혼 동화(!)들을 읽으면서 나는 우리의 동화 작가들이 너무

슬픈 거인

나도 아이들을 위하는 나머지 과장해서 말하자면, 국회도 여성부도 법원도 못 하고 있는 일을 뚝딱 해치우려 한다는 느낌을 받았다. 사랑해서 결혼한 남자와 여자가 헤어지는 복잡 미묘하고도 엄정한 현실, 그것이 우리 가정의 일이거나 이웃의 일이거나 우리 눈에는 보이지 않는 일이거나 간에 우리의 아이들은 그 현실 속에서 자라나고 있다. 무엇을 어떻게 생각하고 행동해야 할 것인가를 알기 위해서는 그 삶의 결을 자세히 들여다볼 줄 아는 눈이 필요하다. 문학은 힘이 세지만 사회를 변화시키지는 못한다. 한 편의 소설이, 한 편의 동화가 법을 고치는데 영향을 미쳤다는 얘기는 아직 들리지 않는다. 그뿐 아니다. 법의 그늘 아래 상처 받은 사람들을 위로할 수는 있을지언정 그들에게 득이 되는 삶의 방향을 제시해 줄 수는 없다. 소설가들은 당연히 이 점을 알고 있는 것처럼 보인다. 그런데 동화 작가들은 아직도 현실보다는 이상 속에 사는 것일까? 한창 이혼이 진행 중인 엄마 아빠를 잃어버린 강아지 한 마리 때문에 화해시킨다거나, 부모의 냉전을 만화영화와 의식적으로 혼동하는 아이의 어리광스런 행동으로 얼버무리는 것을 보면 '해피 엔딩'이 어떤 작가들에게는 안일한 혹은 유일한 해법인 것처럼 보인다. 아동문학이 아이들에게 해 줄 수 있는 것이 있다면 그것은 행복한 결말이 아니라 내면적 성숙을 위한 배려일 것이다. 이혼을 다루는 동화들이 아이들에게 해 줄 수 있는 것도 든든한 부모의 울타리 속에서 겪는 사춘기의 방황과는 또 다른 이유(離乳)를 감행해야만 하는 아이들 몫의 고독을 지켜 주는 일일 것이다.

"사람들 눈은 왜 저럴까. 보이는 것은 무엇이든 둘로

갈라놓으려 든다. 비싸냐 싸냐, 순종이냐 잡종이냐,

외제냐 국산이냐, 진짜냐 가짜냐……"

- 김우경, 『머피와 두칠이』에서

3장

흑 과   백
그리고 그 사이

애매한 목소리,
모호한 희망

"내일은 맑을 거야"라는 말에는 오늘은 혹은 어제도 맑지 않았다는 뜻이 담겨 있다. 그리고 '맑을 거야'라는 종결어미에는 추측이라기보다는 강한 바람, 나아가 믿음이 들어 있다. 『내일은 맑을 거야』는 그러니까 맑지 않은 어제와 오늘의 이야기이면서 동시에 맑기를 간절히 바라고 또한 믿어 마지않는 내일의 희망에 대한 이야기다. 제목 옆에는 '더불어 사는 마음이 담긴 동화'라는 수식어가 붙어 있다. 그리고 뒤표지에는 작가의 말에서 따온 다음과 같은 말이 실려 있다.

이 동화는 몇 년 전 서울 서초구의 갯골이란 곳에서 실제로 벌어졌던 이야기를 담은 글입니다. 이 책을 읽고 난 어린이들이 힘겹고 어려운 상황에 처해 있는 친구들을 한 번쯤 생각해 보는 기회를 가져 봤으면 합니다. 그리고 안타깝고 때로는 답답하게 느껴

138

지는 이야기 속에서 희망의 불씨를 찾아내기를 진정으로 바랍니다. 이 세상 어떤 어린이도 결코 희망을 버려서는 안 되기 때문입니다.

작가의 말에서 볼 수 있듯이 이 작품은 목적성이 강하다. 이야기 속의 아이들처럼 힘든 현실을 살고 있는 아이들에게는 희망의 불씨를 심어 주고, 그 반대의 아이들에게는 '더불어 사는 마음'을 갖게 해 주려는 작가의 의도는 책머리의 작가의 말 속에, 그리고 작품 곳곳에 뚜렷하게 드러나 있다. 그럼에도 불구하고 이 작품을 읽으면 작가의 의도대로 희망의 불씨가 느껴지지 않고 철거민촌 아이들이 겪고 있는 힘겹고 어려운 상황에 대한 안타까운 '감정'도 생겨나지 않는다. 왜 그럴까?

『내일은 맑을 거야』는 어린이문학에서는 보기 드물게 철거민촌의 이야기를 소재로 삼고 있다. 그것도 실제의 이야기를. 작가가 그 점을 강조하는 것은 철거민촌 이야기를 통해서 어린이 독자들에게 사회적인 정의에 대한 이야기를 하고 싶었기 때문이라고 짐작된다. 우리는 '실제의 이야기'를 문학이라는 허구보다는 텔레비전의 기록물이나 신문, 잡지 등에 실리는 기사의 형태로 훨씬 많이 접한다. 이런 류의 현장 보고서는 읽는 이의 마음을 문학작품과는 또 다른 방식으로 움직인다. 객관적인 사실을 건조하면서도 생생하게 보도함으로써 독자나 시청자의 정신에 충격을 준다. 각종 사고, 해마다 되풀이되는 수해 현장의 참사를 알려 주는 기사와 프로들은 피해를 입은 사람들의 사정을 당사자들의 입을 통해 직접 말하게 한다. 이런 프로를 제작하고 기사를 쓰는 PD와 기자들은 피해자들, 어처구니없이 당하기만 하는 약자들의 모습을 생생하게 보여 주고 무엇이 어떻게 잘못되었는지를 간단하게 말함으로써 독자와 시청자들로 하여금 사회적인 정의에 대하여 생각하게 만든다. 정부 수립 이래 제대로 된 민주주의를 체험해 본 일이 없는 대한민국의 문단에 가장 많은 작품이 바로 정의가 구현되지 못한 사회의 그늘에서 약자들이 겪는 분노와 아픔을 말하는 소설과 시들이다. 한국 문단의 이런 현상은 김수영의 시, 황석영의 소설 같은 빼어난 작품들도 태어나게 했지만 문학성 논란을 일게 하는 작품들도 양산했다. 그러나 구조주의의 바람이 불고 포스트모더니즘이 문화계 전반의 화두가 되던 1980년대 말에서 1990년대 초를 지나오면서 리얼리즘 계열의 작품들은 문단에서 점점 사라지고 있다. 그러나 일반 문학의 이러한 현상과는 달리 아직도 리얼리즘 계열의 작품이 가장 중요한 작품들로 대접 받고 있는 것이 한국 어린이문학의 현실이다.

자유와 평등 그리고 옳고 그름, 나아가 더불어 살아가는 삶에 대한 생각을 하게 만드는 것은 교육이 행하는 중요한 기능 중의 하나다. 그러나 그 교육의 대상이 아이들이라는 점에 주목하면 문제가 그렇게 간단하지 않다. 사실, 정의도 불의도 다 어른들에 의해서 만들어지는 개념이지 않은가. 부자와 가난한 사람, 시골과

도시, 노동자와 자본가는 어른들의 분류법이 아닌가. 아이들도 불의를 체험하고 가해자와 피해자를 분류할 줄 안다. 아이들이 그렇게 할 수 있는 것은 그들이 체험할 수 있는 세계, 그러니까 집과 학교와 공부와 놀이로 대표되는 구체적인 현상을 통해서일 뿐이다. 그 개개 현상들 뒤에 숨어 있는 구조적인 모순을 조망할 수 있는 능력이 아이들에게는 없다. 뿐만 아니라 어른들은 아이들을 그런 보이지 않는 복잡한 세계로부터 보호할 의무가 있다. 그러니까 분배의 불평등이나 부정부패나 권력에 의한 폭력 등의 문제를 날것으로 아이들에게 드러내며 사유를 촉구하는 것은 위험한 발상이다. 아이들은 사회 개혁 의지를 추궁당하지 않을 권리가 있다. 『내일은 맑을 거야』의 작가가 어린이 독자들에게 전하고 싶어 하는 말은 사실, 작품 속에보다도 '작가의 말'이라는 작품 밖에 훨씬 더 잘 나타나 있다. '작가의 말'에서 작가는 어린이에게 직접 말을 걸고 있지만 작품 속의 일인칭 화자 혜민이는 줄곧 어른들에 대해서만 말하고 있기 때문이다. 아이가 줄곧 어른들의 세계에 대해서만 생각하고 말하는 것은 사실임직하지도 않거니와 바람직하지도 않다. 혜민이는 열두 살쯤 된 여자아이다. 그리고 철거민촌에 사는 가난한 아이다. 혜민이에게는 부자 친구가 없다. 뿐만 아니라, 이 작품에는 철거민촌 바깥의 세계가 나오지 않는다. 혜민이는 하루 중의 많은 시간을 학교라는 철거민촌 바깥에서 보낼 텐데, 이 아이의 관심은 오로지 철거민촌을 둘러싸고 일어나는 사건들에만 집중되어 있다. 그런 혜민이의 입에서 자신들이 가난한 것을 세상

탓으로 돌리는 말이 종종 나온다. 철거민촌을 바깥에서 바라보아야만 가능한, 아이로서는 그것도 눈과 귀를 철거민촌 안쪽에다만 열어 놓고 사는 아이로서는 할 수 없는 사회 전체에 대한 통찰이다. 몇 가지만 예를 들어 보자.

우리가 사는 비닐 천막촌엔 번지수가 없다. [……] 사람들이 우리 집을 말할 때 '혜민이네 집'이라 하지 않고 '4동 7호집'이라고 부른다. [……] 감옥에있는 죄수들은 이름 대신 번호를 부른다. [……] 죄수들이 사는 집도 아닌데 번호를 붙여 놓은 이유는 뭘까? [……] 그것은 가난한 사람은 죄인 취급을 받을 수도 있는 그런 나라에서 우리가 살고 있다는 뜻이었다.

그런 걸 생각하면 (자기 자신도 무척 불쌍한 사람인데 망태 할아버지네 다녀와서 신세 한탄 겸해서 자꾸만 우는 엄마를 보면) 우리나라는 참 이상한 나라다.

옛날의 조선 시대만도 못한 세상이 되어 버렸다. 가난한 백성들은 누굴 믿고 살아가야 하나?

아빠도 죽지 않고, 집도 마련할 수 있는 그런 좋은 세상은 언제쯤에나 올까. 그런 세상이 오기는 올까?

"4동 7호집"에서 아파트가 아니라 감옥을 연상하는 것은 그럴 수도 있지만 갑자기 "그런 나라" 운운은 지나치다. 망태 할아버지네를 동정해서 울고 있는 엄마를 보면서 "우리나라는 참 이상한 나라"라고 생각하는 것은 뜬금없기까지 하다. "조선 시대만도 못한 세상"이라거나 "가난한 백성들은 누굴 믿고 살아가야 하나?"라는 탄식은 전혀 아이답지 못한 탄식이며, "아빠도 죽지 않고, 집도 마련할 수 있"기를 바라는 것은 사실임직하지만 "그런 좋은 세상" 타령은 아이의 사고 범위를 벗어난다. 작가(어른)의 목소리와 화자(아이)의 목소리가 섞여서 생기는 착오다. 작가의 뜨거운 가슴이 저지르는 실수는 이러한 목소리의 혼동 이외에도 또 있다. 철거민촌 안에서 온몸으로 아프게 살아가고 있는 사람들의 상처를 있는 그대로 치밀하게 드러내는 일에 공을 들이기보다는 쉽사리 위로하려고 든다. 작가는 사명감을 가지고, 어려움을 견디며 사는 사람들에게 희망을 불어넣어 주려 하지만, 그 희망은 모호하기 짝이 없다. 하늘에서 떨어진 천사처럼 지치지 않고 철거민촌 아이들 뒷바라지를 하는 '공부방 이모'를 빼면 혜민이네와 그 이웃들에게 닥치는 현실은 가혹하기만 하다. 아무리 고생을 하고 투쟁을 해도 사정은 조금도 나아지지 않는다.

싸구려 전세방이라도 구하게 되었느냐고? 어림없는 소리다. 그렇다면, 약속대로 구청측에서 대책을 마련해 주었느냐고? 그건 어림 반 푼어치도 없는 소리다. 거북이 얼굴에서 수염 나는 거 봤나? 토끼 머리에서 뿔 나는 거 봤나? 아니면, 염소가 불똥 싸는 거 봤나?

세상은 아무것도 달라진 게 없었다.

정말 달라진 게 아무것도 없었다. 혜민이네는 "갯골 천막촌에서 쫓겨났다가, 지하철역과 동사무소 앞마당을 거쳐, 다시 검찰청사 앞 천막촌으로 돌아온 셈이었다." 그럼에도 불구하고 작가는 혜민이의 입을 빌려 "그러나 제아무리 세상살이가 힘겨워도 꿋꿋하게 살아야 한다는 것을 배웠다"고 서술하고 있다. 힘겨워도 꿋꿋하게 살아야 한다는 건 맞는 말이다. 그러나 이 보편 타당한 '진리'는 이 작품 속에서 빛을 발하지 못한다. 내적인 필연성이 결여되면 모든 사람들이 당연하게 받아들이고 있는 윤리관도 별로 설득력을 지니지 못하는 까닭이다. 설득력을 지니지 못하기는 함박눈으로 장식되는 사랑과 희망의 결말도 마찬가지다. 아이들이 있는 한 희망이 있다. 사랑이 있는 곳에 절망이란 없다. 일반적으로는 그렇다. 그러나 혜민이와 철민이를 둘러싼 철거민촌 아이들의 사정은 일반적이지가 못하다. 세상 탓을 아무리 해도 아무것도 달라지지 않는 현실을 확인하고도 아이들은 "희망이 있는 한 우리에게 내일은 있"다는, "언젠가는 희망도 우리 곁을 찾아온다"는 공부방 이모의 말을 확신할 수 있는 걸까? "사랑하는 마음은 온갖 아픔과 절망을 다 녹여" 버리는 것이 사실이기는 하지만 이제 겨우 싹트기 시작하는 철민이와 혜민이의 풋사랑을 "사람이 사람을 사랑하는 그런 세상"과 같은 맥락에서 이해할 수 있는 걸까? 작품의 마지막을 장식하는 펑펑 쏟아지는 함박눈은 다만 지나온 길들을 덮어 줄 뿐이다. 철거민촌의 신산스런 삶의 흔적들은 그 눈에 덮여 순백의 아름다움으로 기억되어도 좋은 것인가? "눈 온 다음 날엔 겨울 햇빛이 쨍쨍 난다"는 속설에 기대어 내일은 맑을 거라고 힘주어 믿어도 되는 것인가?

편 가르기,
무엇이
문제인가?

혜민이를 둘러싼 이야기에는 철거민촌 사람들만 나온다. 철거민촌 사람들은 하나같이 가난하고 착한 사람들이다. 이 작품에는 철거 깡패와 구청 직원 그리고 지하철 청소부 같은 사람들이 나오지만 그들은 성격을 가진 인물이라기보다는 철거민촌 사람들의 '이야기'를 가능하게 하는 기표로 보인다. 그리고 이야기와는 아무 상관이 없는 부자들이 가끔 혜민의 시계(視界) 안에 들어온다. 골프 연습장에서 공을 치고 있는 여자들을 보며 혜민이가 말한다. "저 아줌마들이 한가롭게 공을 치고 있을 때, 우리 엄마들은 저 아줌마네 집에 파출부로 가서 빨래도 하고, 집 안 청소도 하고, 밥하고 반찬도 만들어야 된다" '우리' 엄마들은 불쌍하고 '저' 아줌마들은 얄밉다는 감정이 읽힌다. "우리 엄마들"은 착하고 "저 아줌마들"은 나쁘다는 뜻으로 읽힌다. 혜민이에게 사람은 여자와 남자로 혹은 어른과 아이로 나뉘는 대신 부자와 가난한 자로 나뉠 뿐이

슬픈 거인

다. 현실 고발적인 경향을 띠는 우리나라 어린이문학 작품들에서 이런 분류법은 아주 정형화되어 있다. 가난한 자와 부자를 잇는 또 하나의 분류법은 시골 사람과 서울 사람이다.

시골 사람들의 생활고와 애환을 그리는 일은 서울 사람들에 대한 미움을 바탕으로 할 수밖에 없을까? 「어머니의 설날」(『어리석은 독재자』) 은 홀로이 시골에 남아 일 년에 한 번 설날에도 고향을 찾지 않는, 고향을 등지고, 잊고, 버린 아들을 기다리는 어머니의 이야기다. "논 팔고 밭 팔고 소까지 팔아" 서울에서 대학 공부까지 시켜 놓은 아들은 "제 힘으로 공부를 했다고 큰소리를 치"면서 어머니 가슴에 못을 박는다. "서울에서" 결혼을 하고 직장을 갖더니 고향과 함께 어머니도 잊었다. "어떻게든 결혼식만은 시골에서 시켰어야 했"다고 후회를 하는 어머니는 "서울 사람들에게 다 키운 자식을 빼앗긴 것만 같"다. 설을 쉬러 고향을 찾아드는 동네 사람들의 부산한 풍경에 점점 더 쓸쓸해지는 어머니는 그저 서울만을 미워한다. "다 그놈의 공부 탓, 돈 탓, 서울 물 탓이지. 기껏 가르쳐 놓으면 편하게 벌어먹고 살겠다며 농촌을 뜨니, 원……" 황량한 겨울 들판을 바라보며 오지 않는 아들을 그리는 어머니 마음에는 서울에 대한 미움만 자꾸자꾸 쌓인다. "그놈의 공부니, 돈이니 하며 서울 타령을 해 쌌더니 내 자식들이 서울놈들한테 다 잡아먹힌 거야."

젊은 사람들은 다 떠나고 노인들만 남은 농촌, 농산물 수입 개방으로 날이 갈수록 살기가 어려워지는 농촌의 살림살이, 늘어만 가는 농가 부채, 정부 차원의 적절한 대책이 필요하지만 여전히 소외된 채 살아가고 있는 농민들…… 우리의 현실이다. 그러나 그런 것들을 그려 보이기 위해 서울 사람들을 이유 없이 나쁘게 그려야만 할까. '어머니'의 아들과 결혼한 서울 여자의 입에서 나오는 말은 어이가 없다. 서울에 다니러 가는 동네 사람들 편에 손수 농사지은 콩이며, 깨·녹두·팥·찹쌀 같은 잡곡들을 챙겨 보내면 그녀는 이렇게 말한단다. "뭐 궁상맞게 이런 걸 다 부치시는지 모르겠어요. 여기서도 얼마든지 사 먹을 수 있는데. 괜히 귀찮게스리…… 아무튼 받긴 받았다고 전해 주세요." 시골을 무조건 경멸하는 것으로 그려진 그녀는 시동생에 대해서 또 이렇게 생각한단다. "국민학교밖에 못 나온 무식한 촌놈, 가난한 농사꾼, 못난이, 바보……" 모두가 하나 되는 세상을 위하여 참된 삶의 모습을 그려낸다는 작가들은 왜 자꾸 이렇게 편을 가르는 것인가. 편을 갈라놓고 흑과 백으로 나누어 무턱대고 한 편을 흑으로 만들면서 미워하고 있는 것인가. 세상의 어두운 면을 아이들에게도 있는 그대로 알려 줄 필요는 있다. 그러나 세상이 움직이는 이치에 대해서 무지한 아이들에게 사회구조적인 모순을 설명하기란 쉬운 일이 아니다. 그 일의 어려움에 대한 고민을 생략하고 선명한 대립을 위하여 쉽게 편을 가른 후 한 편을 옹호하고 나머지 한 편을 폄하하는 작품들이 한국 어린이문학에는 너무 많다. 그러나 다행히도 다 그렇지는 않다. 『몽실 언니』를 보면 이런 구절이 있다.

"국군하고 인민군하고 누가 더 나쁜 거여요? 그리고 누가 더 착한 거여요?"

"……"

"몽실아, 정말은 다 나쁘고 다 착하다."

"……"

"사람은 누구나 처음 본 사람도 사람으로 만났을 땐 다 착하게 사귈 수 있어……"

『몽실 언니』는 전쟁과 가난으로 점철된 우리 현대사의 한복판을 맨몸으로 살아온 여자아이의 이야기를 담고 있다. 몽실이의 불행은 정말 끝이 없다. 몽실이는 가난 때문에 아버지를 버리고 개가한 어머니를 따라가 살다가 계부에게 맞아서 절름발이가 된다. 아버지 집으로 옮겨 가, 자신을 아껴 주는 새어머니를 맞이하지만 그녀는 아기를 낳다가 죽는다. 아버지는 전쟁터에 나가고 오갈 데 없는 어린 몽실이가 혼자서 갓난아기를 키운다. 동생을 데리고 남의 집에 들어가 식모살이를 하면서 그럭저럭 살아가지만 부상당한 몸으로 돌아온 아버지가 몽실이를 찾아온다. 능력 없는 아버지와 동생을 부양하는 것은 또다시 몽실이 몫이다. 깡통을 들고 나가 구걸을 해다가 하루하루를 연명하는 몽실이. 꿈에 그리던 생모가 죽고, 적십자 병원 앞에 줄을 서서 무료 진료를 기다리던 아버지도 죽고…… 몽실이의 불행에는 정말 끝이 없다. 그럼에도 불구하고 작품 『몽실 언니』는 전혀 어둡지 않다. 몽실이에겐 끊임없이 불행이 닥치지만 또한 도움의 손길도 끊이지 않는다. 이 모든 불행이 누구 탓인가 따지는 데보다는, 거칠고 험한 세상에서도 사람들이 따뜻한 마음씨를 잃지 않고 살아가는 모양을 그리는 일에만 골몰하고 있는 작가의 태도는 거의 종교적이다.

슬픈 거인

웃으면서도
생각할 수 있다

가난한 사람들의 이야기는 대개 어둡고 딱딱하기 짝이 없다. 그런 주제와 유머를 결합시키는 작가는 보기 힘들다. 그런데 아이들은 잘 웃는다. 아무것도 아닌 일에 너무나 깔깔거리며 행복해한다. 그것은 아이들의 특권이다. 위기철의 『생명이 들려주는 이야기』라는 창작집 속에 들어 있는 「일곱 번째 기적」은 아이들은 물론 어른들도 웃으면서 진지하게 읽을 수 있는 철거민촌 이야기다. 보통은, 물을 포도주로 변하게 하였다거나 절름발이를 걷게 하였다거나 바다를 갈라 길을 내었다거나 뭐 그런 얘기를 우리는 예수님이 행하신 기적이라고 알고 있다. 하지만 「일곱 번째의 기적」에 나오는 목사의 아들 윤하가 목격한 기적은 그런 게 아니다. 윤하의 꼬마 예수는 신도들에게 "천국에 저축"을 하라고 설교하는 아버지(목사)의 뒤통수를 새총으로 쏜다. 그리고 윤하를 꼬드겨서 성화집(聖畵集)을 뜯어 아버지가 제일 싫어하는 산동네 아이들과 딱지치기를 한다. 그런 다음 윤하가 아버지한테 호된 벌을 받고 있을 때 산동네 아이들로 하여금 딱지로 접은 성화들을 헌금통 속에 가득 담아 목사님께 돌려드리게 한다. 이 사건 이후 목사는 아들이 산동네 아이들과 어울려도 잔소리를 안 하게 되었으니 윤하가 보기에 "이것도 기적은 기적"이란다. 이 작품은 기독교의 부패와 부동산 투기를 아이의 눈과 입을 통해서 보여 주고 있다. 목사인 윤하네 아버지는 산동네 애들을 무조건 나쁜 애들로 몰아세우며 아들에게 그 애들과 어울리지 말라고 다짐을 두지만 윤하의 생각은 좀 다르다. 윤하가 보기에 그 애들은 "노는 데 천재"들인 것이다. 그중에서 종이접기 박사에다가 우스갯소리를 기가 막히게 잘하고 운동이라면 따라갈 사람이 없는 진모네 식구가 연탄가스로 모두 죽는 사건이 일어난다. 윤하는 "세상에는 진모처럼 착하지도 않고 오히려 이웃에 해악만 끼치는 사람들이 많이 살고 있"는데 "진모같이 착한 아이는 저렇게 어린 나이에 죽어야 하는" "부당하고 불공평한" 일은 "분명히 따지고 넘어가야 한다"며 예배당에 들어가 예수님께 마구 욕설을 퍼붓는다.

"이봐! 얼간이! 천치! 그러고도 넌 사람들에게 돈만 잘 받아챙기지? 너 따위 예수는 아무 짝에도 쓸모가 없어!"

그런가 하면 산동네 어귀에 "집을 몽땅 다 때려부수고 다시 지을 네 번째 동네"라는 뜻의 '머루동 재개발 제4지구'라는 간판이

슬픈 거인

세워지자 철딱서니 없게도 "야, 이제 너희들 새집에서 살게 되겠다"며 부러워하는 윤하에게, 모두 '척척박사'가 된 산동네 친구들이 설명을 해 주는 일도 일어난다.

"공장에서 처음 만든 빵은 십 원인데, 가게에서는 백 원을 받는단 말이야. 하지만 아무나 공장에서는 빵을 살 수 없고, 딱지란 것을 가져야 살 수 있어. 그런데 딱지를 가진 사람들은 돈이 없고 돈을 가진 사람들은 딱지가 없지. 돈도 없는 사람이 딱지만 가지고 있으면 뭘 하니? 그래서 돈 많은 사람에게 '에라 모르겠다' 하고 판단 말이야. 그러면 돈 많은 사람들이 딱지를 사서 빵을 싸게 사 먹는 거야. 알겠니, 멍충아?"

그러자 윤하는 자가용 탄 어른들과 산동네 어른들이 딱지치기하는 상상을 한다. '딱지치기'란 얘기 때문에, 심란한 산동네 아이들과 철없는 윤하가 함께 웃는다. 그러나 막상 철거가 시작되자 산동네 아이들과 윤하 사이는 전 같지 않다. "단지 산밑 동네에 산다는 이유만으로" 산동네 아이들은 윤하를 미워한다. 강우라는 아이는 "이봐, 새끼 목사! 니네 예수님한테 우리 집에 아파트 한 채만 보내 달라고 해 봐!"라며 모욕을 하기도 한다. 작가가 산동네 아이들과 윤하를 가진 자와 못 가진 자로 가르지 않고, 어른들과 아이들로 가른 것도 이 작품의 좋은 점이지만, 윤하로 하여금 가진 자의 아들이라고 해서 못 가진 자의 아들에게 무조건 죄의식을 느끼게 하지 않는 점도 그렇다. "싸움이라면 타고난 소질"이 있는 윤하는 자신을 모욕한 강우를 실컷 때려 준다. 그러나 "이겨도 개 운치가 않"은 싸움을 한 후 윤하는 예수님께 강우네 아파트 한 채만 보내 달라고 눈물로 기도를 하지만 그런 기적은 일어나지 않고 포크레인이 강우네 집을 깔아뭉개는 날이 오고야 만다. 순하디 순하던 강우 어머니가 "너도 내 옆에 누워! 우리가 집 없이 어디서 사니? 차라리 여기서 에미랑 같이 죽자"며 사납게 울부짖던 그 날, 강우는 분노로 이글거리는 눈으로 윤하를 노려보며 돌멩이를 집어 던진다. 분노에 찬 강우의 욕설, "개자식! 뭘 봐? 저리 꺼져!"에는 왜곡이 전혀 없다. 그런 상황에서 인간에게 일어날 수 있는 감정을 순수하게 표현한다면 그런 욕설밖에 되어 나올 수 없을 듯하다. 놀라고 슬프고 화가 난 윤하가 예배당에서 장난기라곤 전혀 섞지 않고 간절하게 기도를 드리다가 쓰러진다. 그러다가 깨어나 현실에 아무런 변화가 일어나지 않았음을 깨닫고 껄떡껄떡 울음을 삼킨다.

"꼬마 예수는…… 바로 강우예요…… 예수의 집이 허물어졌어요…… 아무도 그걸 막아주지 못했어요…… 모두들…… 제 집만 소중하게 생각해요…… 이제 꼬마 예수는 …… 집도 없이……"

"아이들이 이해할 수 없는 일이 너무 많"은 세상. 아이의 모습으로 나타나, 부의 축적에만 관심이 있는 목사와 '딱지 대장'의 뒤통수에 대고 새총을 쏘아 대던 예수가 기적을 일으켜 윤하로 하여금 '남의 아픔' 때문에 온몸으로 아픈 울음을 흘리게 한 작가는 일곱 번째 기적은 독자의 몫으로 돌린다. 그리고 "꼬마 예수를 보려면 반드시 필요한 세 가지 자격을 갖추어야" 한다며 다음과 같은 유쾌한 설교로 이 이야기를 끝낸다.

"첫째로, 친구를 가려 사귀는 사람은 절대로 안 돼요. 꼬마 예수는 산동네 아이들과 딱지치기 하는 것을 아주 좋아하니까요. 둘째로, 아무리 고통 받는 일이 생길지라도 오직 진실만을 말할 줄 아는 사람이어야 해요. 그건 꼬마 예수가 제게 그렇게 하라고 했기 때문이에요. 세번째 자격은 조금 어려운데요, 불쌍한 이웃을 위해 세 번 이상 눈물을 흘려 본 경험이 있는 사람이어야 한답니다."

시종 재기발랄한 유머가 넘치는 이 작품을 읽노라면 시도 때도 없이 웃음이 터져 나오려고 한다. 부처님과 예수님에 대한 진모의 우스갯소리는 정말 웃기고, 아들의 정곡을 찌르는 질문에 허겁지겁 예수님 말씀을 주워섬기는 목사의 모습도 우스꽝스럽기 짝이 없다. 부동산 투기 대장이 꼬마 예수의 새총에 뒤통수를 얻어맞고 자동차 타이어에 펑크가 나는 것을 보면 통쾌하다. 그러나 또한 의리 있고 튼튼하고 재치 있는 진모가, 아버지는 공사판에서 돌아가시고 누나는 공장에서 일하고 어머니는 시장에서 장사를 하는 환경에서 살다가 연탄가스 중독으로 일가족이 사망하는 대목에서는 가슴 한켠이 찡하게 아파 온다. 그리고 순하디순했던 강우 어머니가 호랑이처럼 울부짖는 무서운 모습으로 변하는 대목에서, 강우가 분노에 찬 눈으로 윤하에게 돌팔매질을 하는 장면에서, 윤하가 강우를 흠씬 때려 주고는 예배당에 달려가 정신을 잃을 만큼 흐느껴 울며 강우의 집을 다시 일으켜 세워달라고 기도하는 장면에서는 저절로 숙연해진다. 작가가 독자보다 앞서서 판단을 내려 놓지도 않았고, 누구에 대한 미움을 강요하고 있지도 않기에 '산동네 아이'이거나 아니거나 아이들은 재미있게 이야기를 읽어 가면서 웃음과 눈물과 분노를 차례로 경험할 수 있다. 그러면서 자기도 모르는 사이에 슬그머니 산동네 아이들의 친구가 되어 있는 자신을 발견하게 될 것이다. 말을 바꾸면, 어쩌면 사람들이 '산동네 아이들'이라고 부르는 아이들에 대해서 가졌던 편견에서 자연스럽게 놓여날 것이다.

슬픈 거인

좀/다른 이분법

    가난한 사람 이야기를 다룬 작품은 또 많지만 그중에서 「도시락 소동」(『너는 왜 큰 소리로 말하지 않니』)은 가난한 사람을 부자와 대비시켜서 이야기하지 않는 드문 작품 중의 하나다. 도시락 소동을 일으키는 장본인 서수부는 전학 오는 첫날부터 자기 별명을 순두부라고 소개하지를 않나, 수업 시간에 졸다가 선생님한테 지적 당하자 자기 책에는 수면제가 섞인 모양이라고 교과서를 바꿔 달라고 하지를 않나, "서글서글"하기도 하고 "두부처럼 물렁물렁"하기도 한 아이다. 그런 수부에게 문제가 생기는 건 점심시간이다. 밥 안 먹으려는 아이들, 인스턴트 음식만 좋아하는 아이들이 많은 게 요즘의 현실이다. 어릴 때 동생이 불량 식품 먹고 죽은 아픈 기억이 있는 수부네 담임 선생님은 아이들 도시락 검사에 좀 유난하다. 건강 음식 먹는 날을 정해 놓고 자연 식품만으로 도시락을 싸 오게 하는 것이다. 수부는 빈 도시락을 들고 다니며 특유의 너스레로 반 아이들과 선생님을 속이지만 사실은 도시락을 싸올 만한 처지가 못 되는 아이다. 아버지가 돌아가시고, 할머니는 양로원에 계셔서, 같은 학교 아이네 부모가 하는 중국집 배달원으로 있으면서 학교에 다니는 아이다.

수부가 그런 불우한 환경에서 자라는 아이라고는 아무도 생각하지 못했다. 선생님도 아이들도 그들을 지켜보는 독자들도. 그만큼 수부는 유머가 풍부하고 낙천적인 성격으로 보이는 아이였다. 그러나 전학온 지 나흘째, 수부의 도시락 지도에 어려움을 느낀 선생님이 불량 식품 먹고 동생이 죽은 유년 시절 이야기를 꺼내자 굵은 눈물을 뚝뚝 흘리던 수부가 사라져 버리는 사건이 일어난다. 수부를 찾아 나서던 선생님은 그제서야 수부가 중국집 배달원으로 일하고 있었다는 사실에 놀란다. 예의 점심 문제를 묻는 선생님에게 중국집 주인은 수부가, 점심은 할머니가 해 주신다며 도시락만 하나 달래더라고 전한다. 할머니에게는 학교에서 급식을 한다고 했다고…… 결국 수부는 중국집에서 하루 두 끼를 얻어먹으면서 일을 하고 학교에 다니는 힘든 생활을 하는 아이였던 것이다. 자신의 불우한 환경을 드러내고 싶지 않아 애써 명랑한 척하는 아이였던 것이다. 벌청소를 하고 아이들에게 놀림과 비난을 받으면서도, 빈 도시락을 들고 다니면서도 점심을 굶는 티를 내지 않았던 것이다. 점심을 거르면서도 중국집 주인에게 폐를 끼치는 것이 싫어서 할머니가 도시락을 싸 주신다고 거짓말을 하고 할머니가 걱정하실까 봐 자기네 학교는 모범 급식 학교라고 안심을 시컸던 것이다. 불우한 환경에서 아이는 빨리 철이 든다고 했던가. 어린 나이에 수부는 벌써 남에게 짐이 되는 것이 싫은, 자의식이 강한 아이가 되어 있었다. "수부는 자존심이 강한 아이였"던 것이다. 이것이다. 자존심 강한 아이. 작가는 수부를 가난한 아이가 아니라 자존심이 강한 아이로 그린 것이다. 이 작가는 아이들을 가난한 아이와 가난하지 않은 아이로 분류하는 것이 아니라 자존심이 센 아이와 그렇지 않은 아이로 좀 다르게 분류한 것이다. 수부와 함께 또렷하게 기억되는 자존심, 그 빈자리가 허탈해서 어쩔 줄 모르는 선생님도 아이들도 모두 함께 울어 버린다. 그러나 수부는 울지 않는다. 떠나가면서 남긴 편지 한 장이 그걸 말해 준다.

할머니!

저는 할머니도 좋지만, 바다가 더 좋아요. 제가 여섯 살 때 어머니·아버지의 유골을 할머니랑 바다에 뿌리면서 다시는 울지 않겠다고, 열심히 살겠다고 다짐을 했지요. 막내 삼촌을 찾아가 배를 탈 겁니다. 그러면 어머니·아버지도 함께 있는 셈이지요. 할머니, 소식 없으면 건강하게 잘 있다고 생각하세요. 건강하시고 오래오래 사셔서 제 효도 받으세요.

수부 올림

자존심 강한 아이답게, 사람들 사이에서 동정도 받고 때로는 손가락질도 받으면서 초라하게 사느니 차라리 말 없는 바다를 택한 것이다. 다가가 의지할 수도 없지만 결코 등 돌리고 떠나지도 않을 바다를. 수부는 외롭고 가난한 아이지만 부잣집 아이를 부러워하거나 미워하는 아이는 아니다. 가난하지만 자존심 지키는 일에 골몰해 있어서 어쩌면 물질적인 가난 같은 것은 어느 정도 넘어선지도 모르는 아이다. 그렇게 보면 가진 자와 못 가진 자의 대비란 얼마나 무력한 흑백논리인가.

나쁜 사람이야, 착한 사람이야? 좋은 거야, 나쁜 거야? 하루에도 몇 번씩 아이들은 묻는다. 흑과 백으로 분명하게 갈라놓아야 이해가 쉬운 것이다. 그러나 사람 사는 일이 어디 그렇게 뚜렷하게 흑과 백으로 나뉘던가…… 어른이 된다는 건 어쩌면 그렇게 선명한 흑과 백 사이의 경계선 상에 흰색에서 검정색에 이르는 그리고 검정색에서 흰색에 이르는 옅고 짙은 수많은 회색이 존재한다는 사실을 이해하는 과정인지도 모른다. 교육을 한다는 건 어떤 의미에서는 단순하기만 한 아이들이 점점 복잡하게 사고할 줄 알게 되도록 도와주는 일이다.

슬픈 거인

4장

애 니 메 이 션
세 계 　 명 작
무 엇 이 문 제 인 가

-『아기돼지 삼형제』의 경우

아이가 서너 살을 넘기면 많은 부모들이 책을 읽혀야겠다는 생각을 한다. 그러나 무슨 책을 읽혀야 할지 알기가 쉽지 않다. 그럴 때에 가장 손쉬운 선택이 세계 명작이다. 말 그대로 세계적으로 유명한, 문학사적인 검증이 끝난, 작품성을 인정받은 '좋은 책'들이기 때문이다. 뿐만 아니라, 대부분의 부모들은 세계 명작 정도는 두루 섭렵해 두어야 나중에 국어 과목을 공부하는 데에 도움이 될 것 같다고 생각한다. 좋은 책을 세계 명작으로 한정시켜서 생각하는 것은 문제가 있지만 세계 명작을 아이에게 읽히겠다는 의욕 자체가 나쁜 것은 아니다. 문제는 이런 발상이 상업적으로 이용된다는 데에 있다. 일류 대학에 보내서 좋은 직장을 갖게 하는 것이 자녀 교육의 중요한 관건이 되다 보니 요즘 아이들은 유치원생부터 서울대학교 수험생으로 훈련 받고 있다고 해도 과언이 아니다. 이에 세계 명작이 크게 한몫하고 있다. 사실, 많은 출판사들이 편의상 세계 명작이라는 이름으로 한 덩어리처럼 묶어 놓고는 있지만 하나하나 살펴보면 그 작품들을 읽을 수 있는 나이가 그렇게 고르지 않다. 그럼에도 불구하고 긴 이야기는 줄이고, 어려운 부분은 빼고, 복잡한 내용은 간단하게 바꾸고, 딱딱한 부분은 적당히 각색한 후 아이들 기호에 맞는 알록달록한 그림을 곁들여서 수십 권씩 전집으로 나오는 것이 소위 '애니메이션 세계 명작'이라는 그림책들이다. 웬만한 유아물 출판사에서는 한 세트씩 갖추고 있는 이러한 책들은 이야기의 줄거리만 얼기설기 엮어 놓은 꼴이어서 '문학'이라고 하기 어려울 뿐만 아니라 '명작'이라고 하기는 더더욱 어렵다. 왜 그럴까? 도대체 이런 책들은 무엇을 어떻게 줄여서 작품성을 망치고 있는 걸까? 실제로 작품을 꼼꼼하게 들여다보는 것만이 가장 명료하게 문제를 드러내 주는 길일 것이다.

애니메이션 세계 명작에 빠지지 않고 들어가는 책 중에 『아기돼지 삼형제』라는 작품이 있다. 위에서 제기한 물음에 답하기 위하여 이 작품을, 줄이지 않은 원본과 그림책으로 만들어서 변형된 책들을 몇 권 비교해 가면서 분석해 보자. 『아기돼지 삼형제』는 원래 영국의 민담인데 제이콥스에 의해 문자화된 것이 오늘날까지 전해지고 있다. 우리나라에도 이 책의 수많은 판본들이 유통되고 있다. 대개가 그림책인 이 책들 중에서 여기서는 다음의 여섯 개 판본을 사용하기로 하고 본문 중에 인용할 때에는 『아기돼지 1, 2, 3……』으로 표기하기로 한다.

1) 김완기 엮음, 이정화 그림, 도서출판 은하수, 1997.

2) 제이코브즈 원작, 유창열 각색, 예림당, 1985.

3) 송원희 글, 계몽사, 1994.

4) 이채형 글, 통진출판사, 1994

5) 제이콥스 원작, 조선경 그림, 보물섬 구성, 웅진출판, 1996.

6) 편집부 엮음, 도서출판 국문사, 1990.

:　**엄마돼지와 아기돼지**

이처럼 여러 출판사에서 여러 사람이 '엮고' '구성하고' '각색' 하고, '글'을 쓴 『아기돼지 삼형제』 이야기는 비슷비슷하다. 아기 돼지 삼형제가 엄마 품을 떠나 집을 짓고 살기로 하지만 각각 지 푸라기와 나뭇가지로 집을 지은 첫째와 둘째 돼지는 늑대의 침략 을 당하고, 벽돌집을 지은 셋째 돼지는 늑대를 물리친다는 내용의 이 책들의 공통점은 이야기의 본래 모습에 대한 별다른 고민 없이 줄거리만 추려 내면서 글을 책임진 이의 시각에 따라 몇 가지 디 테일이 늘어나기도 하고 줄어들기도 했다는 데에 있다. 이렇게 줄 여 놓은 책들을 볼 때마다 나는 이상한 생각이 들었다. 왜 아기돼 지들이 길을 떠날까? 동화의 전형적인 구조가 집을 떠나는 것에 서 시작된다는 것도 내게 그다지 신통한 대답이 되어 주지 못했 다. 아기돼지들이 집을 떠나 혼자 살기로 했다는 식의 간단한 서

술에서는 이 점에 대해서 아무것도 알아낼 수가 없다. 그러나 원본을 보면 이야기가 다르다. (원본은 『아기돼지, 늑대를 잡아먹다』 참고) 애니메이션 그림책에서는 엄마돼지의 성격이 전혀 살아 있지 않다. 마치 아기돼지들을 떠나보내는 장면을 위하여 잠깐 빌려다 등장시킨 것 같다. 그러나 원본을 보면 아기돼지들이 길을 떠나기 전 엄마돼지와 함께 사는 모습이 세 쪽에 걸쳐서 묘사되어 있다. 찰스 베이츠가 그대로 가져다 쓰고 있는 이 작품은 그림은 빼고 글만 전체가 열여덟 쪽으로 되어 있다. 그러니까 엄마돼지와 아기돼지가 함께 등장하는 부분은 전체의 십칠 퍼센트 정도에 해당한다. 애니메이션 그림책들에서 완전히 생략되어 있는 이 부분은 아기돼지 삼형제가 엄마돼지의 보살핌을 받으면서 아무 생각 없이 행복하게 살고 있는 모습을 그리고 있다. 아기돼지들은 "마냥 행복했고 언제까지나 행복하리라고 믿었"다. 그러나 아기돼지들의 이러한 행복은 순전히 늘 움직이고 있는 엄마돼지의 몸과 항상 늑대를 의식하고 있는 정신 덕분이다. 그러나 엄마돼지라고 해서 늑대라는 위험으로부터 영원히 아기돼지들을 지켜줄 수는 없다. 그래서, "어느 날 아기돼지들이 즐겁게 노는 모습을 지켜보면서 현명한 엄마돼지는 이제 자녀들이 집을 떠나 독립해야 할 때가 되었다고 생각"한다. 그래서 "눈물을 글썽이며 다시 한번 늑대를 조심하라는 경고와 함께 아기돼지들을 각자의 길로 떠나보내"는 엄마돼지를 지켜보는 독자는 앞으로 아기돼지 삼형제에게 무슨 일이 일어날 것인지 궁금해진다. 그 궁금증 속에는 불안과 기대가 섞여 있어서 독자로 하여금 감정적인 긴장과 이완을 체험하게 한다. 문학은 이렇게 사람의 마음을 움직인다. 그러나 이와 같은 도입부는 애니메이션 그림책들에서는 다음의 인용문들에서 볼 수 있는 것처럼 아예 생략되거나 완전히 변형되거나 지극히 간단하게 요약되고 있다.

옛날에 놀기를 좋아하는 돼지 삼형제가 살고 있었습니다. (『아기돼지 6』)

옛날 옛날, 산 속 마을에 아기돼지 삼형제가 살고 있었어요. 어느 날, 아기돼지 삼형제는 집을 떠났어요. 이젠 각자 집을 짓고 살 나이가 되었기 때문이죠. (『아기돼지 1』)

옛날 어느 곳에 아기돼지 삼형제가 살고 있었어요. [……] 어느 날 밤, 엄마돼지가 [……] "너희들도 이젠 다 컸다. 그러니 각자 집을 지어서 살아라." (『아기돼지 2』)

꼬마돼지 삼형제가, 언덕 아래에 있는 집에서 엄마돼지와 함께 살고 있었습니다. [……] 이리는 언덕 위에 있는 집에서 혼자 살고 있었습니다. [……] 어느 날, 엄마돼지가 [……] "얘들아 [……] 너희들도 어미 곁을 떠나거라. [……] 큰 이리를 조심해라." (『아기돼지 3』)

슬픈 거인

꼬마돼지 삼형제가 엄마하고 살다가, 이제 컸으므로 제각기 떨어져 살기로 했어요. (『아기돼지 4』)

옛날 옛날에 아기돼지 삼형제가 살았어요. [……] 어느 날, 엄마 돼지가 [……] "[……] 다 컸으니 각자 떠나서 살도록 해라. [……] 늑대를 조심하며 살아야 한다. 알겠니?"(『아기돼지 5』)

이상에서 보듯이 아기돼지들은 '컸으니까' 독립하기 위하여 집을 떠나는 것이다. 삶이란 언제까지나 엄마가 모든 것을 보살펴 주는 집안처럼 편안하고 행복하기만 한 것이 아니라는 걸 자식들에게 일깨워 주고 싶어하는 엄마돼지의 불안은 전혀 자취도 없다. 늘 경고와 주의를 담은 늑대 이야기를 재미있게 들려주는 엄마돼지의 세심함도 찾아보기 어렵다. 뿐만 아니라 원본의 평화롭고 조용하면서도 막연한 불안을 느끼게 하는 극적인 분위기는 위의 어떤 그림책에서도 전혀 느낄 수 없다.

:   **아기돼지 세 마리의 성격 차이**

첫째 돼지는 엄마돼지에게 손을 흔들어 작별 인사를 한 다음 깡충깡충 뛰며 즐겁게 달려갔습니다. [……] 서둘러 집짓기를 끝마친 아기돼지는 또다시 따뜻한 햇볕 아래에서 춤추며 놀기 시작했습니다.

둘째 돼지는 엄마돼지의 가르침에 어긋나지 않으리라 굳게 결심하고 길을 떠났습니다. […]

모든 일을 제대로 끝냈다고 생각한 아기돼지는 곧장 밖으로 달려 나가 놀기 시작했습니다.

집을 떠날 때면 항상 그렇듯이 셋째 돼지도 서글픈 마음으로 길을 나섰습니다. […] 길고도 힘든 일이었으나 마침내 집짓기를 끝마쳤을 때 아기돼지는 깊은 만족감을 느꼈습니다. 그런 다음 아기돼지는 정원을 가꾸어 씨를 뿌리기 시작했습니다."(고딕체 강조는 필자)

세 마리의 돼지가 각각 집을 떠나는 모습과 집을 짓고 난 후의 행동을 보여 주는 원본의 문장들이다. 위의 문장들을 자세히 뜯어보면 각각 다른 행동 양식을 보이는 돼지들의 모습을 통해서 독자는 그들의 성격을, 나아가 그들에게 닥칠 운명까지를 짐작할 수 있다. 위의 인용문 중에 강조체로 씌어진 부분에 주목하면서 읽어보면 각각의 돼지들의 행동에 대해서 가치 판단을 내릴 수가 있다. 그러나 이 문장들은 철저하게 세 마리 돼지들이 행동하는 겉모습만을 묘사하고 있을 뿐이다. 작가가 나서서 독자에게 판단을 내려 주는 과잉 친절은 베풀지 않고 있다. 군더더기가 전혀 없는 위의 문장들은 다만, 세 마리의 아기돼지들이 길 떠나기 - 집짓

슬픈 거인

기의 임무를 나름대로 성실하게 수행하고 있음을 보여 줄 뿐이다. 그래서 더욱 더 독자는 세 번 되풀이되는 길 떠나기, 집짓기와 그 과정 속에서 각각의 돼지들이 보여 주는 작지만 큰 차이들을 주의 깊게 살펴보게 된다. 그러나 『아기돼지 삼형제』를 애니메이션 그림책으로 읽으면 세 마리 돼지들의 이러한 차이들을 능동적으로 살펴볼 필요가 전혀 없다. 다음의 인용문들에서 볼 수 있듯이 몇 개의 형용사 속에 세 마리 돼지들의 성격뿐만 아니라 됨됨이의 차이까지도 선명하게 드러나 있기 때문이다. 독자를 대신해서 글쓴이가 미리 가치 판단을 다 내려 놓은 것이다.

첫째 돼지는 게으른 돼지였어요. [……] 둘째 돼지는 별로 생각이 깊지 못한 돼지였어요. [……] 셋째 돼지는 부지런하고 생각이 깊은 돼지였죠. (『아기돼지 1』)

만형은 게으름뱅이여서 언제나 낮잠을 잡니다. 둘째는 덜렁거리다가 잘 다쳐서 몸 어느 한 군데에는 늘 반창고가 붙어 있답니다. 거기다가 또 굉장한 먹보여서 손에는 항상 먹을 것을 쥐고 있지요. 그러나 셋째는 아주 부지런해서 언제나 열심히 일을 하고 있어요. [……] 게으름뱅이 만형이 말했습니다. "산에 오르려면 힘들 테니까 나는 산밑에다 집을 지어야지." "나는, 사과나무가 있는 산 중턱에다가 지을 테야." 먹보 둘째가 말했어요. 그러자 셋째는 "나는 산꼭대기에다 지을 테야. 산꼭대기에서 사방을 내려다보면 참 멋질 거야." 하고 말했습니다. (『아기돼지 2』)

첫째, 둘째, 셋째 돼지를 각각 게으르고, 생각이 깊지 못하고, 부지런한 것으로 규정한 것은 원본의 의미에서 크게 벗어나지 않는다. 맞고 틀리는 문제로 보자면 그렇다. 그러나 "게으른" "생각이 깊지 못한" "부지런하고 생각이 깊은"이라는 형용사 속에는 이미 모든 것이 다 결정되어 있다. "부지런하고 생각이 깊은" 돼지가 성공하고 "생각이 깊지 못한" 돼지와 "게으른" 돼지가 실패할 것이 뻔하다. 게다가 『아기돼지 2』에 나오는 예의 부지런한 셋째 돼지가 전망이 좋은 데다 집을 지으려고 하는 것은 앞뒤가 맞지 않고 엉뚱하다. 이처럼 글쓴이들이 멋대로 상상해서 그려 놓은 아기돼지들의 모습과 행동의 공통점은 가볍기 짝이 없다는 것이다. 원본의 분위기와도 어긋나고 전혀 바람직하지도 않은 이러한 가벼움은 애니메이션 그림책 문체들에 일관되게 흐르고 있는데, 읽는 이의 정신을 잡아끄는 힘이 전혀 없다. 좀더 심하게 말하면 독자가 글에 집중하는 것을 방해한다. 아기돼지 삼형제가 길을 떠나는 것도, 집을 짓는 것도, 그리고 늑대에게 습격을 당하는 것마저도 모두가 다 장난처럼 그려져 있어서 읽는 이는 글의 내용을 진지하게 받아들일 수가 없다. 정신을 산만하게 만드는 가벼운 낱말들이 유기적이지 못하게 짜여져 있는 문체도 이에 한몫 단단히 하고 있다.

슬픈 거인

각각 초가집, 나뭇가지 집, 벽돌집을 지은 아기돼지 세 마리는
전부 늑대의 습격을 받는다. 아기돼지가 집을 짓고 나자 늑대가
나타나고 아기돼지는 무서워서 집 안으로 숨어들었으나 잡아먹히
고 만다. 좀 더 정확히, 초가집과 나뭇가지 집을 지은 첫째와 둘째
돼지는 잡아먹히고, 벽돌집을 지은 돼지는 살아남는다. 그렇다. 집
을 벽돌로 지었기 때문에 셋째 돼지가 늑대의 습격을 피할 수 있
었다는 이야기라면 여기서 마감된다. 게으르거나 생각이 깊지 못
한 돼지들이 지은 초가집과 나뭇가지 집은 늑대의 입김에 단숨에
날아가 버리고 벽돌집은 늑대의 입김에 꿈쩍도 하지 않는다. 그러
니까 벽돌집이 아기돼지의 생명을 구해 주는 셈이다. 얘기가 그런
식으로 되어 있는 애니메이션 그림책에서 늑대가 아기돼지들의
집을 습격하는 장면은,

"안녕하시오, 내 점심? 호호호."
"앗! 느, 늑대다!"
"흥! 바보 같은 것. 이따위 지푸라기 집쯤은 입김으로 날려 보
내주지. 자아, 후웃!"
"아, 아악! 돼지 살려……"(『아기돼지 2』)

"어떠냐, 이 녀석아. 이제 너만 남았으니 잡아먹기 쉽게 됐지?"

[……]

"어? 돼지 주제에 요술까지 부려? 참, 그렇지. 내 입김이 너무 세었나봐. 한꺼번에 날아간 모양이군. 난 역시 힘이 센 용사야……" (『아기돼지 4』)

식으로 우스꽝스럽게 그려져 있다. 먹고 먹히는 것이 생명이 걸려 있는 위급한 상황이라는 것을 전혀 느낄 수 없다. 불필요한 말장난이 글을 가볍게 만들어 읽는 이의 정신을 분산시키고 의미를 백지화시켜 버린다. 늑대의 의미, 그리고 잡아먹고 잡아먹힌다는 것의 의미. 그러나 원본은 이렇지 않다. 처음부터 엄마돼지의 이야기 속에 등장하면서 '숨어 있는 위험'으로 상징되던 늑대는 사실상 아기돼지 삼형제 이야기를 가능하게 하는 하나의 조건이다. 그러므로 그 늑대가 나타나 아기돼지의 목숨을 위협하는 장면은 극적 구성에 있어서 절정 부분에 해당한다. 그리고 절정에 이르자, 이제까지 섬세하게 돼지들의 행동을 묘사하면서 진행되던 이야기가 갑자기 단순해진다.

저녁놀이 질 무렵, 둘째 아기돼지를 정탐하던 크고 사나운 늑대가 자신 있게 나뭇가지 집으로 다가왔습니다. 늑대가 오는 것을 본 아기돼지는 꽁지가 빠져라 집 안으로 달려가 문을 걸어 잠그고는 닥쳐올 위험을 예감하며 오돌오돌 떨기 시작했습니다.
마침내 늑대가 문을 쾅쾅 두드리며 떠나갈 듯 소리쳤습니다.

슬픈 거인

"이봐, 아기돼지. 문을 열란 말야."

"안 돼요, 절대 안 돼요! 털끝만큼도 열 수 없어요, 털끝만큼도."

아기돼지는 떨리는 목소리로 간신히 말했습니다.

늑대는 더 이상 참을 수 없었습니다.

"그렇다면 이 집을 단번에 날려 버리겠다."

늑대는 전보다 훨씬 크게 숨을 들이쉰 다음 푸후후후 소리와 함께 아기돼지의 나뭇가지 집을 날려 버렸습니다. 그러고는 놀란 아기돼지를 통째로 잡아먹고 말았습니다.

위의 인용문은 늑대가 둘째 돼지를 습격, 집을 부수고 잡아먹는 장면의 글 전체다. 이 장면은 늑대가 첫째 돼지 집과 셋째 돼지 집에 달려들 때에도 거의 똑같이 되풀이된다. 늑대가 나타나 돼지를 공격하고 마침내 잡아먹는다는(셋째 돼지는 그렇지 못하지만) 사건의 크기에 비해 글의 길이가 짧고 단순하다. 그리고 단순함 때문에 갑자기 이야기 전개에 속도가 붙는다. 문을 열라는 늑대의 협박과 두려움에 떨면서도 절대 그럴 수 없다고 팽팽하게 맞서는 아기돼지의 대립이 선명하게 드러난다. 그리고 무엇보다도 원본의 이야기는 여기서 끝나지 않는다. 아기돼지들이 늑대에게 습격을 당하는 이 장면이 작품 전체의 길이로 보아 딱 중간에 위치한다. 벽돌집의 단단함 앞에 늑대가 일단 물러서지만 그렇다고 해서 벽돌집이 늑대로부터 아기돼지의 삶을 전적으로 보호해 주지는 못한다. 아기돼지는 집 안에서뿐만 아니라 집 밖에서도 늑대라는 위험을 극복해야만 하는 것이다. 그러므로 이제 남은 것은 싸움이다. 싸움에서 이겨야 살아남는다. "평생토록 돼지들의 집을 부수고 아기돼지들을 잡아먹"고 살아온 늑대를 이기기 위하여 아기돼지는 속임수를 쓴다. 자기를 속여서 벽돌집 바깥으로 유인한 다음 잡아먹으려는 늑대를 이기는 셋째 돼지의 속임수.

: 속임수의 힘

그러니까 애니메이션 그림책들이 전하고 있듯이 셋째 돼지가 늑대에게 잡아먹히지 않는 것은 부지런해서가 아니다. 전래 동화들이 다 그렇듯이 『아기돼지 삼형제』도 인생에 대한 가르침을 담고 있다. 그러나 그 가르침은 부지런하면 행복하게 살 수 있다거나 성공할 수 있다는 식의 헛된 믿음이 아니다. 성실하고 근면하지만 가난 속에서 헤어나지 못하거나, 늘 남에게 당하기만 하거나, 언제나 운이 나빠서 불행하게 사는 사람들이 얼마나 많은가. 삶은 그렇게 단순하지 않다. 애니메이션 그림책들은 아기돼지 삼형제 이야기를 착한 사람이 복 받는다는 식으로 얼버무리고 있다. 대충 손쉬운 집을 지은 돼지들과 달리 힘들여서 단단한 집을 지은 돼지가 살아난다는 식으로 부지런함이라는 것을 하나의 절대적인 덕목으로 내세우면서 인생을 단순화시켜서 보여 준다. 그러나 원본에 의하면, 셋째 돼지가 살아남을 수 있었던 것은, 뿐만 아니라 늑대라는 위험으로부터 해방될 수 있었던 것은 "늑대를 믿지 않았기 때문"이며 "늑대를 속여야겠다고 생각"했기 때문이다.

늑대가 첫째 돼지와 둘째 돼지를 잡아먹을 때의 속도감 있던 장면에 비하면 셋째 돼지를 잡아먹기 위하여 술책을 부리는 장면은 사뭇 복잡하다. 늑대는 거짓말을 해서 무밭으로, 사과밭으로, 시장으로 세 번이나 아기돼지를 꾀어내지만 매번 아기돼지에게 따돌림을 당한다. 이처럼 유인하고 따돌리고 속고 속이는 과정에서 늑대의 속임수는 세 번 똑같이 되풀이된다. 늑대는 원래부터 "영리한 동물"이었고, "아기돼지를 속여서 잡아먹는 재주와 경험이 풍부했기 때문"에 아기돼지를 잡아먹을 수 있다는 자신에 차 있다. 늑대가 매번 똑같은 속임수를 사용하는 것은 그러한 자신감 때문인지도 모른다. 아기돼지는 처음, 무밭에 같이 가자는 늑대의 꾐에 넘어가는 척하며 약속 시간보다 한 시간 일찍 나가 늑대를 따돌린다. 그리고 두 번째로 사과밭에 같이 가자고 할 때도 마찬가지로 행동하지만 현실은 아기돼지에게 그렇게 순탄하지 않다. 사과밭이 "아기돼지가 예상했던 것보다 훨씬 먼 곳에 있었기" 때문이다. 한 시간 일찍 사과밭에 다녀옴으로써 늑대를 따돌리고자 했던 자신의 계산이 어긋나자 아기돼지는 임기응변으로 대처한다. 맛있는 사과로 늑대의 탐욕을 자극한 다음 그것을 멀리 던져서 늑대가 사과를 따라가는 사이에 도망친 것이다. 그러고 나자 마지막으로 장에 함께 가자는 늑대의 제안을 받는다. 아기돼지는 이번에도 역시 한 시간 일찍 나서지만 필요한 물건을 다 사고 돌아와 보니, 시장에는 가지도 않고 집 앞에서 자신을 기다리고 있는 늑대와 맞닥뜨린다. 어떻게 할 것인가.

아기돼지는 무엇을 했을까요? 늑대는 아기돼지와 벽돌집 사이에 앉아 있었습니다. 아기돼지는 이것을 보고 재빨리 생각한 후, 버터를 만드는 통(아기돼지가 시장에서 산 물건) 속으로 들어가 언덕 아래로 구르기 시작했습니다. 그가 점점 **빠른** 속도로 늑대에게 곧장 굴러가자 늑대는 혼비백산해서 줄행랑을 치고 말았습니다.

따돌리고 도망치다가, 이번에는 무장(버터 만드는 통으로)을 하고 몸으로 부딪친 것이다. 늑대의 속임수가 매번 같은 것이었던 데 비해서 셋째 돼지의 속임수는 이처럼 점점 발전하는 것이었다. 부지런한 것만으로 힘이 약한 존재가 자기보다 훨씬 강한 존재를 이길 수 있다고 말하면 거짓말이 되기 쉽다. 애니메이션 『아기돼지 삼형제』는 이처럼 늑대와 아기돼지가 서로 속고 속이는 과정을 완전히 생략해 버림으로써 이 작품이 가르치고 있는 내용에 대해서 거짓말을 한 격이 되어 버렸다.

애니메이션 그림책들이 이야기를 줄이느라고 작품 내용을 변질시켜 놓은 것 중에서 가장 심각한 것이 바로 늑대와 아기돼지의 관계다. 원본의 첫 부분에 나오는, 엄마돼지가 들려주는 늑대 이야기에서 볼 수 있듯이 아기돼지 이야기는 애초에 늑대의 존재 때문에 시작되는 것이다. 그리고 그 늑대는 첫째 돼지와 둘째 돼지를 잡아먹는다. 엄마돼지가 미리 우려한 것은 바로 이 점이었다. 그러나 셋째 돼지는 늑대에게 잡아먹히지 않는다. 그뿐만 아니라 아기돼지를 얕잡아 보던 늑대도 셋째 돼지와 속임수를 써 가며 싸우던 중에 생각이 조금 변한다. "몇 번 만나는 동안 아기돼지가 매우 좋아졌"으며 "그에 대한 존경심마저 싹"트는 것이다. 길 떠나기 전, 엄마의 보호 아래 태평스럽기만 하던 아기돼지들, "언제까지나 행복하리라고 믿었"던 아기돼지들을 바라보던 엄마돼지의 머릿속에 떠올랐을 늑대에게서는 상상할 수 없는 모습이다. 이렇게 되면, 늑대와 아기돼지의 관계는 약육강식이라는 개념으로 단순화되지 않는다. 그뿐 아니라 셋째 돼지는 이제 늑대라는 위험을 극복할 힘을 스스로 키워 나가고 있다. 사실, 아기돼지 삼형제 이야기의 핵심은 여기에 있다. 그러나 또한 사실은 이렇다. 약육강식은 현실이다. 잡아먹지 않으면 잡아먹힌다. 그럼에도 불구하고 애니메이션 그림책들은 늑대로 하여금 아기돼지들을 잡아먹게 만들지 않는다. 초가집도 날아가고 나뭇가지 집도 날아갔지만 첫째 돼지도 둘째 돼지도 셋째 돼지의 벽돌집으로 피신시킨다. 그리고 늑대도 아기돼지들도 아무도 죽는 것을 보여 주지 않는다. 그 책들의 마지막 부분을 자세히 살펴보자.

이리(늑대)는 뺑소니친 후 다시는 나타나지 않았답니다. (『아기돼지 4』)

이리(늑대)는 [……] 쏜살같이 제 집으로 달려갔습니다. [……] 다시는 꼬마돼지들을 잡아먹으려 하지 않았습니다. [……] 그들(아기돼지들)은 이제 아무 걱정도 없습니다. (『아기돼지 3』)

늑대는 꽁무니를 감싸며 걸음아 나 살려라 하고 도망하고 말았습니다. 두 형님 돼지는 아우를 본받아 튼튼한 벽돌집을 새로 짓고 서로 도와 가며 사이좋게 잘 살았답니다. (『아기돼지 2』)

늑대는 엉덩이를 움켜쥐고 쩔쩔매다가 도망칠 수밖에 없었어요. "하하하하! 만세! 하하하하!" 아기돼지 삼형제는 만세를 불렀어요. (『아기돼지 1』)

늑대는 [……] 풍덩! 솥에 빠지고 말았어요. [……] 셋째 돼지는 재빨리 솥뚜껑을 닫고, 늑대를 보글보글 끓여서 맛있게 저녁밥으로 먹었답니다. (『아기돼지 5』)

슬픈 거인

돼지 형제들은 심술궂은 늑대가 죽자 [……] 파티를 열었습니다. [……] 세 마리 아기돼지들은 [……] 사이좋게 오랫동안 살았답니다. (『아기돼지 6』)

이처럼 늑대가 죽는 『아기돼지 5』와 『아기돼지 6』을 제외한 네 권은 모두, 늑대가 아기돼지 삼형제 중 누구도 잡아먹지 못하고 도망가고 아기돼지들은 늑대에 대한 공포에서 벗어난다는 두루뭉수리한 해피 엔딩으로 맺어지고 있다. 그러나 원본에 따르면, 첫째와 둘째 돼지는 늑대에게 잡아먹힌다. 아기돼지 삼형제 이야기를 정신분석학적으로 분석해 놓은 찰스 베이츠는 늑대가 첫째 돼지와 둘째 돼지를 잡아먹는 것은 대단히 중요한 상징이라고 역설하고 있다. 그래서 그는, 돼지들이 늑대에게 쫓겨 달아날 뿐 결국 모두 살아남는, 변형된 『아기돼지 삼형제』들에 대하여 이렇게 말한다.

그러나 그런 식의 전개는, 실패를 포함한 인간 발전의 체계적인 단계를 허물어뜨리는 것이므로 우리에게 아무런 도움이 되지 못한다. (『아기돼지, 늑대를 잡아먹다』)

이 점에 관해서는 브루노 베텔하임도 다음과 같이 마찬가지 판단을 내리고 있다.

아이들은 처음 두 마리 아기돼지들이 잡아먹혔다는 것 때문에
충격을 받지는 않는다. 성숙한 자아에 도달하기 위해서는 여러 가
지 형태의 미숙한 존재 형태들을 거쳐야 한다는 것을 잠재적으로
이해하는 것이다. 『아기돼지 삼형제』를 들으면, 아이들은 늑대가
응분의 벌을 받고 셋째 돼지가 승리하는 것을 기뻐할 뿐 첫째 둘
째 돼지들의 운명에 대해서는 전혀 슬퍼하지 않는다. (『옛 이야기
의 매력』)

찰스 베이츠도 브루노 베텔하임도 정신분석학에 바탕을 두면
서 첫째, 둘째, 셋째 돼지들 각각의 자아 발전 단계를 그리고, 늑대
는 인간의 본능에 속하는 어두운 힘을 상징한다고 본다. 그러므로
가장 성숙한 단계의 자아를 상징하는 셋째 돼지의 단계로 나아가
기 위하여 첫째와 둘째 돼지가 늑대에게 잡아먹히는 것은 이야기
의 논리 전개에 꼭 필요하다고 말한다. 자기를 잡아먹으려는 욕망
과 끊임없이 싸우는 것이 인간의 내면의 삶이다. '잡아먹히지' 않
기 위해서는 '잡아먹어'야 한다. 그래서 원본 『아기돼지 삼형제』는
그렇게 끝난다. 즉, 셋째 돼지가 늑대에게 잡아먹히지 않았을 뿐
아니라 늑대가 돼지에게 먹히는 것으로 끝난다.

　　　　　　　　　　　　　　　　　　　　슬픈 거인

: **늑대를 잡아먹는 아기돼지**

원본에 비교적 충실한 『아기돼지 5』와 원본 『아기돼지 삼형
제』에 따르면 첫째와 둘째 돼지를 잡아먹은 늑대가 셋째 돼지의
벽돌집으로 들어가 끓는 물에 빠져 죽고, 그날 저녁 식사로 아기
돼지는 늑대를 먹는다. 돼지가 늑대를 잡아먹다니. 여러 차례에
걸친 늑대와의 싸움에서 아기돼지가 승리한다는 데에 대한 극적
인 상징이다. 사실, 아기돼지가 늑대를 먹었다는 것은 잔인하거
나 끔찍한 일이기보다는 말도 안 되는 일에 속한다. 그리고 중요
한 것은 잡아먹혔(었)느냐 아니냐가 아니라 이런 식의 기상천외
한 발상이다. 셋째 돼지와 늑대의 머리 싸움이 클라이맥스를 향해
달리던 아기돼지 삼형제 이야기는 "그날 저녁 식사로 아기돼지는
늑대를 먹었습니다"라는 문장으로 급작스럽게 끝난다. 어쩌면 충
격적으로 보일지도 모르는 이런 식의 결말에서 그러나 위에서 보
았듯이, 아이들은 충격을 느끼지 않고 오히려, '나쁜' 늑대가 '죄없
는' 아기돼지에게 당하는 것에서 정의가 승리하는 것을 확인하고
안도감을 느낀다는 데에 대해서 브루노 베텔하임과 찰츠 베이츠
는 동의하고 있다.

앞서 인용한 『아기돼지, 늑대를 잡아먹다』의 원제는 'PIGS eat
WOLVES'로 되어 있다. 그러니까 아기돼지가 늑대를 '잡아먹'은
것이 아니라 그냥 '먹'은 것이다. '잡아먹는다'라는 동사는 늑대

라는 목적어에 대해서 '먹는다'는 동사보다 훨씬 적극적이다. "아기돼지는 늑대를 먹었습니다"라는 문장은, '늑대' 대신에 '사과'나 '치즈'나 '우유' 혹은 '무'라는 낱말을 넣으면 이상한 데가 하나도 없는 문장이다. 이 평범한 문장의 목적어를 '늑대'로 바꿈으로써 충격이라는 효과가 일어난다. 그 충격은 늑대와 아기돼지의 싸움에 종지부를 찍어 준다. 아기돼지가 이겼다. 탐욕의 상징이며 이야기의 중심에 있는 늑대의 패배를 그리는 작품의 결구로서는 어처구니없이 조용한 문장이다. 아기돼지가 저녁 식사로 늑대를 먹었다는 표현은 위기 속에서 느껴지는 극적인 감정을 벗어나게 해 주는 동시에 느긋하고 일상적인 행위 속에 들어 있는 편안하고 행복한 감정을 느끼게 해 준다. 셋째 돼지가 벽돌집에서 나와 세 번에 걸쳐 늑대를 따돌리는 과정에서 고조되는 긴박감과 무사하게 살아난 아기돼지의 모습에서 느껴지는 안도감의 대조가 이 한 문장 속에 고스란히 나타나 있다. 만일 셋째 돼지가 늑대를 잡아먹지 않았더라면 늑대는 앞으로도 계속해서 아기돼지에게 위협으로 남을 것이며 아기돼지는 계속해서 늑대와의 싸움에 신경을 곤두세워야 할 것이다. 아기돼지가 늑대를 먹는다는 발상은 다분히 비현실적으로 보이지만 현실적이지 않은 온갖 일들이 출몰하는 인간 내면의 삶에 비추어 보면 이상할 것 없는 상징으로 읽힌다. 자아가 욕망에 잡아먹히지 않기 위해서 욕망을 먹어서 없애는 것이다. 먹고 소화해서 성장하는 것이다. 아이나 어른이나 인간은 끊임없이 자신의 욕망과 싸우면서 산다. 그 욕망들과 대결하고 또한

　　　　　　　　　　　　　　슬픈 거인

해결해 내지 않으면 인간은 자기와의 불필요한 싸움에 휘둘려 힘이 빠지고 시야가 흐려져 인생이라는 길 위에서 오래 걷지도, 멀리 내다보지도 못할 것이다. 이처럼, 돼지가 늑대를 먹어 버리는 이 이야기의 결말은 인생의 중요한 지침이다.

： 끝맺는 말

이상에서 살펴보았듯이, 원본으로 읽으면 『아기돼지 삼형제』는 내용으로 보나 형식으로 보나 한 편의 문학 작품으로서 손색이 없다. 그러나 문제의 애니메이션 그림책들은 원본 군데군데에서 빛나는 이러한 문학성을 용감하게 생략하고 자유롭게 변형시켜 놓고 있다. 아기돼지 삼형제가 모두 무사하게 살아남는다거나 늑대가 쫓겨 가 버린다는 식의 얼렁뚱땅한 결말은 이 이야기의 교훈을 무의미하게 만들어 버린다. 뿐만 아니라 서술과 묘사를 거의 없애고 들뜬 호흡으로 낱말들을 얼기설기 엮어 놓은 대화로 일관한 글들은 어린 독자들의 관심을 엉뚱한 곳으로 흩뜨려 버린다. 순식간에 지나가 버리는 만화영화 화면 속의 말들과 읽고 또 읽으면서 독자에게 내면화되는 책 속의 말들은 달라야 하건만 어쩌자고 어린 아이들을 대상으로 만들어 내는 그림책에 이렇게 의미 없이 흐르는 말들이 무성한 것인가! 말과 글은 다르다. 말은 발화되는 즉시 듣는 이에게 받아들여진다. 그러나 글은 그렇지 않다. 어떤 사람이 글을 쓰는 행위와 다른 사람이 그 글을 읽는 행위 사이에는 일정하지 않은 시간이 있다. 그 시간을 건너와 읽는 이의 의식을 파고드는 글은 당장 발화되고 사라지는 말과는 질적으로 다르다. 뿐만 아니라, 말은 듣는 사람이 특별한 노력을 하지 않아도 저절로 받아들여지기 때문에 사람을 수동적으로 만드는 경향이 있다. 수동적인 것은 쉽고 편안하다. 그러나 글은 그렇지 않다. 그 글이 이루고 있는 공간 속으로 들어가려면 노력이 좀 필요하다. 말은 하는 사람이 지닌 분위기나, 말투·말소리·눈빛 등의 많은 요소들이 저절로 듣는 사람을 집중시킨다. 그 집중에 힘입어서 말은 한층 쉽게 전해진다. 그러나 글은 읽는 이로 하여금 종이 위에 씌어진 문자에 집중하는 것을 도와주는 아무런 요소도 지니고 있지 않다. 그래서 어떤 글이든 어느 정도의 양을 읽어야만 그 속에 들어갈 수가 있다. 그렇게 해서 생기는, 아니 읽는 이가 '만드는' 독서 체험은 읽는 이만의 것이다. 남이 써 놓은 글을 읽고 있지만 또 한편으로는 자기만의 독서 체험을 스스로 만들어 가는 것이다. 그러기 위해서는 노력이 필요하고, 그 노력은 모여서 힘이 된다. 그 힘은 책의 세계 속으로 들어가 보는 반복적인 경험에서만 생길 수 있다. 말을 아주 잘하는 사람이라 해도, 같은 말이라는 것을 매개로 이루어지는 글을 잘 읽지도 쓰지도 못하는 경우는 흔하다. 글에 익숙해지게 만들려는 것은 아이들에게 문학작품을 읽히는 중요한 이유 중의 하나가 된다.

　『아기돼지 삼형제』의 경우에서 무엇을 어떻게 바꿔 놓았는지를 살펴보았듯이, 간결하면서도 진지한 문체 속에 의미를 가득 담은 원본을 대충대충 줄인 후, 아이들 눈길을 잡아끄는 알록달록한 그림을 덧붙여 펴낸 책들이 바로 애니메이션 세계 명작들이다. 이런 출판의 현실을 알고 나서 심란해진 우리 부모들이 풀어야 할 숙제는 책이 좀 그렇기는 하지만 '명작'이니까 읽혀 두는 것이 나을 것인가, 아닌가 하는 물음이다. 기나긴 학생 시대를 살아갈 아이들이 세계 명작을 '알고' 있으면 적어도 국어 공부 한 가지는 좀 쉬워질까? 그래서 공부가 거의 전부인 아이들의 인생이 좀 수월해질까? 그래서 부모들은 무거운 책가방을 짊어지고 학교를 왔다 갔다하는 아이들의 짐을 좀 덜어 주게 될까? 어쩌면, 그런 점이 혹시 있을 지도 모른다. 아니, 그렇게 생각하는 사람이 있으 수도 있다. 그러나 지금 당장, 아이들에게 중요한 것은 무엇보다도 '이야기'다. 어떤 형식으로 씌어졌든, 아이들이 문학작품에서 얻어 내는 것은 이야기, 재미있는 이야기다. 문체에서 오는 글의 향기든 글의 내용이 전하는 가르침이든 그런 것들은, 아이들이 자기들이 원하는 이야기를 읽으면서 저절로 느끼게 되는 것들이다. 애니메이션 그림책들을 통해서 이미 이야기를 '알아 버린' 대개의 아이들은 원작을 읽으려 하지 않을 것이다. 그 책들이 아이들에게 작품에 대한 정보와 지식을 주고, 대신 작품을 읽고 싶다는 '욕망'을 빼앗아 버리기 때문이다. 책을 읽고 싶은 마음을 가지게 하는 것. 그것이야말로 독서 교육의 출발이다.

5장

다 이 제 스 트
무엇을 어떻게 줄이고 있나

-『피노키오』의 경우

: '완역'이 의미하는 것

최근 들어 외국 문학 번역 출판에 새롭게 눈에 띄는 용어가 하나 있다. '완역'이라는 말이다. 대개 표지나 책머리의 말이나 역자 후기 그리고 광고 카피 혹은 각종 책 소개 지면을 통해서 어떻게든 강조해 놓는 완역이라는 용어는 그 자체로 이전의 다른 모든 번역본들을 무효화한다. 완전한 번역이라는 뜻의 완역은 물론 번역의 질을 가리키는 것이 아니라 번역본이 원래의 텍스트를 처음부터 끝까지 빼놓지 않고 다 옮겼다는, 따지고 보면 너무나도 당연하고 상식적이어서 할 필요가 없는 말이다. 번역본이 원본을 있는 그대로 옮기지 않고 변형시켰다면 그것들은 번역이라기보다는 번안, 축약 번역 등으로 다르게 불러야 옳지 않겠는가. 그럼에도 불구하고 한국말로 옮겨진 모든 외국 작품을 우리는 번역이라고 부르면서 원본에서 출발해서 번역본에 이르기까지, 출판사와 번역자에 의해서 행해지는 수많은 월권에 그다지 주목하지 않는다. 하지만 '완역'된 작품들이 나오기 시작하는 지금, 원어로 된 출판물을 일일이 확인할 수 없더라도 우리는 그동안의, 그리고 여태도 계속되고 있는 허술한 번역 출판 관행을 문제 삼을 수 있게 되

　　　　　　　　　　　　　　　　슬픈 거인

었다. 재미있는 것은 '완역'이라는 용어의 사용 목적이 일반 문학에서와 어린이문학에서 사뭇 다르다는 점이다. '무삭제' 완전 번역을 강조하는 완역이 일반 문학 작품에 붙으면, 훌륭한 문학 작품이지만 포르노그라피인가 아닌가 논란이 될 만한 부분을 삭제했던 판본을 원래대로 복구시켰다는 뜻이다. 따라서 이는 원본에 '충실'함으로써 문학적 가치를 손상시키지 않았다는 것 이외에도 완역은 독자의 감각적 욕구를 더욱더 충족시켜 주겠다는 약속을 암시하고 있다. 주로 책표지나 광고에서 가장 강하게 부각되는 그런 암시는 명백히 문학적 완성도보다는 상업적 성공에 초점을 맞추고 있다.

어린이문학에서는 얘기가 좀 다르다. 완역은 그런 상업적인 성공을 전혀 보장 받지 못하는 시도다. 왜냐하면 이미 수없이 출판되었던 작품들이기에 크게 수요를 기대할 수 없을지 모르는데도 원작의 가치를 살려 놓고자 다시 번역해서 내놓는 출판물이기 때문이다. 최근 들어 몇몇 출판사들이 그다지 이윤을 기대할 수 없을 것 같은 이런 완역본 펴내기를 차근차근 시도하고 있다. 참으로 다행한 일이지만 뒤집어 보면 이런 완역본이 나오지 않을 수 없을 만큼 그동안 어린이문학에서는 외국 문학 번역 출판이 왜곡되어 있었다는 이야기가 된다. 왜 그런가? 어른 독자와는 달리 어린이 독자들은 연령에 따라 텍스트를 이해할 수 있는 능력에 많은 차이를 보인다는 것이 커다란 이유가 될 것이다. 이처럼 다양한 독자 연령층에 따라 수많은 '명작'들이 여러 형태의 책들로 존재한다. 분명히 한 사람의 작가가 탄생시킨 문학작품이 원작자의 이름은 자취도 없고 여러 사람의 '글' 혹은 '구성'을 통해서 서로 다른 몇 가지 판본으로 생겨난다. 그러다 보니, 글을 책임진 사람의 판단에 따라서 '불필요한' 부분은 빼고 어려운 부분은 쉽게 풀고 우리 실정에 안 맞는 부분은 좀 고치고 너무 딱딱한 부분은 부드럽게 처리하여 원본과는 전혀 다른 작품으로 되어 버리는 경우가 허다하다. 그런 작품들을 읽다 보면, 도대체 이게 왜 '명작'인지 이해가 안 된다. 이래도 되나?

얼마 전 이문열의 『우리들의 일그러진 영웅』을 초등학교 교과서에 싣기로 했다는 신문 기사가 있었다. 이 작품은 물론 초등학생을 위해서 씌어진 작품이 아니다. 그럼에도 불구하고 굳이 이런 작품을 교과서에 싣기로 한 결정도 따져 보아야 할 부분이 많지만 지금 여기서 부각시키고 싶은 것은 이문열 자신이 이런 결정에 대해서 다소 놀라면서 "초등학생들이 읽을 수 있도록 작품을 다시 손질하겠다"고 말한 점이다. 작가가 직접 손질을 한다면 작품이라고 믿어도 좋을 것이다. 그런데 이미 이 세상 사람이 아닌, 그것도 외국 작가의 작품은? 어린이문학가의 출판물을 둘러보면, 시효가 만료되어 저작권 사용이 자유로운 옛날 작품들이 너무 마구잡이로 출판되고 있는 것이 한눈에 들어온다. 세계 명작 전집은 두고두고 조금씩 조금씩 팔려 나갈, 출판사들 입장에서 보면 아주 매력적인 장기 투자 품목이다. 그래서 그런지 오륙십 년대에 나왔던 학원출판공사나 계몽사의 세계 문학 전집이 표지·장정·편집 형태 그리고 판매 방식을 바꿔 가면서 수없이 되풀이 출판되고 있다. 그뿐이 아니다. 문공사, 지경사, 예림당, 웅진출판사 그리고 최근 들어 삼성출판사나 중앙M&B 까지 합세하여 세계 명작에다가 우리나라 옛이야기, 안데르센 동화, 그림 형제의 유럽 민담 등등 어린이들이 한두 번쯤은 들어 보았음직한 '유명한' 이야기란 이야기는 모두 다 유아용 그림책으로 펴내고 있다. 이럴 수가 있는 것인가? 글의 길이를 엄청나게 줄여서 장편을 그림책으로 만들어도 명작을 명작이게 하는 요소는 그대로 남아 있는가? 그리고 무엇보다도 같은 이야기가 발달 정도에 엄청난 차이가 있는 유아와 초등학교 고학년에게 똑같이 적합할 수 있는 것인가? 이 글은 세상 모든 어린이들이 한 번쯤 들어 보았음직한 피노키오 이야기를 예로 들어서 이런 의문들에 대답해 보고자 하는 시도다.

: 애니메이션 『피노키오』와
완역 『삐노끼오의 모험』 1, 2

피노키오 이야기가 1998년 창작과비평사에서 '삐노끼오의 모험'이라는 제목으로 완역되었다. 우선 분량을 보자. 각각 170, 180 쪽에 달하는 두 권의 책으로 되어 있다. 아무 생각이 없는 독자라고 하더라도 이렇게 긴 이야기가 20쪽 안팎의 그림책으로 어떻게 줄여질 수 있는지 궁금하지 않을 수 없다. 피노키오 이야기를 우리는 '애니메이션 명작 동화'라는 좀 이상한, 그러나 그게 무슨 뜻인지 알 만한 사람은 다 아는 형태의 출판물로 가장 흔하게 만날 수 있다. 우선 출판 형태의 차이에서 한눈에 드러나는 것은 텍스트의 분량이다. 서로 다른 독자 연령층을 겨냥한다는 목적 때문에 같은 작품이 이렇게 다르게 씌어지고 있다. 이는 과연 타당한가. 『피노키오』는 대체 어떤 작품인가. 이 물음에 답하기 위하여, 여기서 비교하는 텍스트는 완역 『삐노키오의 모험 1, 2』(이현경 옮김, 창작과 비평사 1998)과 애니메이션 『피노키오』(김남일 엮음, 정재영 그림, 웅진 출판사 1988)이다.

이탈리아 어린이문학은 우리에게 널리 알려진 것이 별로 없지만 『피노키오』는 『사랑의 학교』와 더불어 무려 한 세기가 넘도록 전세계 어린이의 사랑을 받아 오고 있는 작품이다. 시대가 바뀌고 공간이 달라져도 이 작품을 사람들이 그렇게 좋아하는 이유는 뭘까? 개인적인 체험을 헤집어 보면, 나는 내가 어렸을 때 피노키오 이야기를 좋아했었는지 잘 모르겠다. 언제 읽었는지, 혹은 들었는지 모르는 피노키오 이야기에 대해서 내가 기억하는 것은 살아 있는 나무 인형, 거짓말을 할 때마다 커지는 코, 장난감 나라의 유혹, 고래 뱃속에서 다시 만난 아버지, 착한 일을 하고 진짜 사람이 된 피노키오 정도인 것 같다. 그 이야기에 대해서 내게 남아 있는 무엇은 거짓말을 하지 말고 공부 열심히 하고 어른 말씀 잘 들어

슬픈 거인

야 한다는 몇 가지 교훈들과 우리나라에는 흔하지 않은 꼭두각시라는 형태의 나무 인형에 대한 이국적인 느낌이다. 그 느낌이 어느 그림책의 일러스트레이션에서 비롯되었는지, 어느 만화 영화의 등장 인물에서 비롯되었는지, 꼭두각시라는 낱말이 불러일으킨 이미지인지 나는 생각해 본 적이 없다. 단지, "꼭 피노키오 같다"는 표현을 들을 때마다(이런 표현들은 어른이 된 다음에 주로 어른들한테서 들었는데) 아주 귀엽고 친근감이 느껴진다는 뜻으로 이해했던 것 같다. 하지만 사실은 개인적으로 피노키오는 내게 어떤 감동을 불러일으킨 적이 있는 캐릭터가 아니다.

두 권 분량이나 되는 『삐노끼오의 모험』을 펼치면서 나는 너무나도 교훈적인 이 이야기가 과연 재미있을 수 있을지 의심스러웠다. 교훈을 강조한 이야기가 성공적인 문학작품이 되기 어렵다는 편견 때문에 재미없어도 참고 읽어야 한다고 미리 마음의 각오를 하고 시작한 책읽기였다. 그러나 한편으로는 『피노키오』처럼, 착한 어린이가 되어야 진짜 사람이 된다거나, 학교에 가지 않고 곡마단에 어울리거나 장난감 나라의 유혹에 빠지는 어리석음을 범하면 불행해진다는 식으로, 아주 노골적으로 잔소리를 해대는 작품이 세계 명작으로 살아남을 수 있는 비결이 무얼까 하는 호기심도 있었다. 완역 『삐노끼오의 모험』은 이런 나의 궁금증을 풀어주고도 남았다. 그리고 그 동안 내가 접했던 여러 가지로 왜곡된 판본의 『피노키오』들에 대한 생생한 감동이 내 안에 남아 있지 않은 것도 너무나 당연한 일이라는 판단을 할 수 있게 해 주었다.

: 말하는 나무토막, 피노키오의 전신

『삐노끼오의 모험』에서 가장 중요한 것은 역시 주인공인 피노키오다. 알다시피 피노키오 이야기는 목수인 제페토 할아버지가 나무를 깎아 인형을 만드는 데에서부터 시작한다. 적어도 내가 알고 있는 피노키오 이야기는 그랬다. 우리가 참고로 하고 있는 애니메이션『피노키오』도 그렇게 시작한다.

제페토 할아버지는 목수에게서 나무토막을 얻어와 나무 인형을 깎았습니다.
"뭐라고 이름을 붙일까? 그래, 피노키오라고 해야겠어."

이렇게 시작하는 애니메이션에는 나무토막이 꼭두각시로 만들어지는 과정이 단 하나의 문장에 고도로 압축되어 있다. 그러나 완역본은 나무 인형이 아니라 나무토막에서 시작한다. 그리고 그 나무토막이 어떻게 해서 제페토 할아버지 손에 넘어왔는가 하는 이야기가 두 장(章)에 걸쳐서 자세히 서술되어 있다. 완역본에는 제페토 이외에도 제페토의 친구이며 목수인 안토니오가 등장한다. 문제의 나무토막은 안토니오의 집에 있던 것이었는데 안토니오가 그걸로 탁자 다리를 만들려고 하자 나무토막이 말을 해서 안토니오를 기절초풍하게 한다. 이어서 두 번째 장에 제페토가 등장하고 두 사람 이야기에 나무토막이 끼어드는 바람에 싸움이 벌어진다. 짓궂은 나무토막의 말과 행동을 제페토가 모두 안토니오의 것으로 여겼기 때문이다.

전투가 끝나자 안또니오의 콧잔등에는 할퀸 상처가 두 개도 더 생겼고 제뻬또의 웃옷에는 단추 두 개가 떨어져 나가고 없었어요. 이렇게 해서 비겼기 때문에 두 사람은 악수를 하고 평생 좋은 친구로 지내기로 맹세했어요. 그 사이 제뻬또는 그 훌륭한 나무토막을 집어 들고 안또니오에게 감사의 인사를 했습니다. 그러고 나서 다리를 절뚝거리며 집으로 돌아갔어요.

애니메이션은 안토니오의 등장 자체를 생략하고 있다. 안토니오라는 인물 자체가 중요한 것은 아니다. 그러나 안토니오와 제페토가 만나고 또 싸우고 하는 과정에서 무엇보다도 말하는 나무토막의 성격이 잘 드러나 있다. 제페토가 만들어 내자마자 아주 짓궂은 행동들을 해대는 피노키오의 성격이라는 결과는 이 나무토막이라는 원인에서 생겼다는 것을 예고하고 있다.

:　성격 없는 피노키오

애니메이션으로 보면 피노키오의 행동을 이해하기 어렵다. 그림책이라는 제약 때문에 더욱더, 길고 길게 펼쳐지는 피노키오의 모험들을 한두 문장으로 압축해 놓았기 때문에 인물들의 행동에 개연성이 전혀 없다. 학교에 가던 피노키오가 왜 극장에 가고, 극장의 흥행사가 왜 갑자기 피노키오에게 돈을 주고, 별안간 천사는 어디서 나타났고, 피노키오는 왜 거짓말을 하는지, 여우와 고양이와 재판관과 감옥의 관계는 어떻게 된 건지…… 그러다가 상어 입에서 빠져나온 피노키오와 제페토 할아버지가 무사히 집으로 돌아오자, "파란 머리 요정은 피노키오의 착한 마음씨에 감동하여 진짜 사람으로 만들어 주었습니다. 제페토 할아버지와 피노키오는 오래오래 행복하게 살았습니다" 하고 끝난다. 우선 사건의 인과 관계를 이해하기 힘들고 인물의 성격을 찾아볼 수 없는 이 텍스트를 읽는 독자는 아무런 감흥을 얻을 수가 없다. 그런데 갑자기 이런 결말에 맞닥뜨리면 독자는 황당하다. 뭐가 착하다는 걸까? 이처럼 이야기를 무리하게 줄여 놓은 애니메이션을 읽으면 『피노키오』가 왜 명작인지 판단하는 일은 고사하고, 요정이 무엇 때문에 "착한 마음씨에 감동하여 피노키오를 진짜 사람으로 만들어 주었"는지도 이해하기 어렵다. 『피노키오』만큼 아이들에게 착하게 되라고 직설적으로 말하고 있는 동화도 드문데, 이처럼 뭐가, 왜 착한 마음씨인지도 알 수 없게 그려 놓는다는 것은 작품을 보잘것없는 것으로 만드는 치명적인 약점이다. 원작을 염두에 두지 않고 있는 그대로의 이야기를 따라가 보면 애니메이션 『피노키오』는 착한 어린이에 대한 이야기를 하고 있다고 보기 어렵다.

그보다는 학교에 안 가고 놀기만 하다가 악당들에게 쫓기기도 하고 당나귀로 변하기도 하던 피노키오가 언제나 '요행'에 의해 위기를 모면하고 결국 "오래오래 행복하게 살았"다는 이상한 얘기가 되어 버린다. 그러나 완역을 읽으면 말썽꾸러기 피노키오가 얼마나 용감하고 착한 아이인지 알 수 있다. 그것은 애니메이션에서는 잠깐 등장했다 사라지지만 완역에서는 거의 전편에 걸쳐 산재하는 파란 머리 요정과 피노키오의 관계를 통해서 가장 잘 드러난다.

: 파란 머리 요정, 영원한 모성

애니메이션을 보면 파란 머리 요정이 뜬금없이 나타나 악당들이 나무에 매달아 놓은 피노키오를 구해 준다. 그리고 마지막에 다시 한번 등장해 '착한' 피노키오를 사람으로 만들어 준다. 애니메이션『피노키오』는 '파란 머리'라는 것 이외에는 이 요정에 대한 어떠한 정보도 제공하지 않는다. 왜 요정인가, 그리고 왜 파란 머리일까? 애니메이션에는 이 질문에 대한 답이 나오지 않는다. 단 두 줄 속에, 각각 "구해 주었습니다"와 "진짜 사람으로 만들어 주었습니다"의 주어로 등장하는 파란 머리 요정은 그저 동화 나라 어디에나 존재하는, 소원을 들어주는 요정 정도로 여겨질 수 있을 뿐이다. 실제로 디즈니가 만화 영화로 만든『피노키오』에 보면 그런 요정이 등장한다. 제페토 할아버지가 만들어 놓은 여느 꼭두각시와 다를 것이 없는 나무 인형에 생명을 불어넣어 움직이고 말할 수 있게 만드는 것은 (디즈니의) 요정이다. 제페토 할아버지가 소원의 별을 향해 빌었던 꿈을 이루어 주는 존재인 요정이다. 이처럼 현실적으로 불가능한 것을 가능하게 만들어 주는 요정은 바깥으로부터 온다. 그리고 기대하지 못한 순간에 선물처럼 나타났다가 순식간에 사라진다. 피노키오의 파란 머리 요정은 이런 요정과는 다르다. 완역에 따르면 파란 머리 요정이 처음 등장하는 것은 피노키오가 악당들에게 쫓기던 대목이다. 쫓기다가 우연히 발견한 하얀 집 창가에 나타난, 얼굴이 밀랍처럼 하얀 소녀. 파란 머리의 그녀는 자기는 죽은 사람이라고 말한다. 현실에서는 존재할 수 없는 파란 머리는 쉽게 그녀를 죽음과 연관시키게 만든다. 이후, 피노키오가 위기에 처할 때마다 구해 주고 따뜻하게 돌보아 주고 잘못을 저질렀을 때도 늘 용서해 주며 나쁜 일을 많이 한 피노키오의 마음속 깊이 들어 있는 착한 마음을 인정해 주는 요정, 피노키오의 요정은 디즈니의 요정처럼 하늘에서 떨어져 내리지도 연기처럼 사라지지도 않는다. 피노키오의 마음속에 영원한 고향으로 자리하는 그녀는 피노키오에게 부재하는, 그러나 모든 아이에게 절대선(絶對善)인 모성의 상징이다. 완역에 의하면, 피노키오가 자기를 기다리다 죽었던 파란 머리 요정을 "부지런한 꿀벌들의 섬"에서 다시 만났을 때, 그녀는 피노키오의 엄마가 되어 준다.

"비록 장난꾸러기에다 나쁜 버릇이 있는 아이라도 착한 마음을 가지고 있다면 항상 뭔가 기대할 만한 게 있단다. 다시 말하자면 옳은 길로 되돌아오리라는 희망이 있는 거지. 내가 너를 찾아 여기까지 온 건 바로 이 때문이야. 난 이제 네 엄마가 될 거야."

그리고 장난감 마을에 갔다가 당나귀로 변해서 팔려 간 다음 주인에게 하소연할 때에도 파란 머리 요정 - 엄마 얘기가 섞여 있다.

"요정이 누구냐?"

"우리 엄마예요. 자식들을 사랑하고 자식들에게서 눈을 떼지 않고 어떤 불행한 일이 있어도, 그러니까 자식들이 집에서 달아나거나 나쁜 행동을 해서 버림을 받아 마땅할 때에도 다정하게 자식들을 도와주는 그런 착한 엄마들과 똑같은 엄마예요. 내가 물에 빠져 죽게 되었을 때 셀 수도 없이 많은 물고기를 제게 보낸 분도 바로 요정님이란 말이에요."

집으로 돌아가려고 하고, 착한 아이가 되어 엄마를 기쁘게 해드리려고 하고, 공부를 잘해서 멋진 직업을 가지려고 하는 것은 피노키오의 의도에 들어 있지만, 어부에게 잡혀 튀겨지고, 고양이와 여우에게 속고, 곡마단에 팔려가고, 상어에게 쫓기는 것은 피노키오의 의도에 들어 있지 않다. 언제나 잘하려고 마음을 다지면서 세차게 도리질을 하지만 매번 아무것도 아닌, 순간의 유혹에 넘어가고 말지만, 꼬박꼬박 뉘우치기도 잘하는 피노키오는 영락없이 엄마의 잔소리를 필요로 하는 아이다. "자식들에게서 눈을 떼지 않고 [……] 자식들이 [……] 나쁜 행동을 해서 버림을 받아 마땅할 때에도 다정하게 자식들을 도와주는 그런 착한 엄마" 품만을 그리워하는 세상 모든 아이들과 같은 아이다. 파란 머리 요정의 존재는 집 나간 꼭두각시를 끝까지 기다리는 제페토 할아버지와 함께 아이의 영원한 안식처인 부모라는 이상향을 보여 준다. 부모의 품으로 돌아가고 싶은 근원적인 욕망은 아이를 순하고 선하게 만들지 않는가. 부모의 보호를 받고 자랄 때에 아이들은 아이들답지 않은가. 수많은 '모험'들을 겪는 이야기 내내 피노키오가 사랑스러운 아이의 모습으로 독자에게 다가오는 것은 이처럼 따스하고 현명한 파란 머리 요정 덕분이다. 그리고 넉넉하고 참을성 있는 제페토 할아버지 덕분이다.

： 교훈도 살고 작품도 살고

장난꾸러기의 모습을 한 피노키오가 아이들의 본질을 대변한다면 파란 머리 요정, 제페토 할아버지, 말하는 귀뚜라미 그리고 바닷가의 게까지도 아이들을 바르게 가르치려는 어른들의 교육적인 입장을 대변한다. 사건만을 간단하게 늘어놓은 애니메이션에는 이들의 역학 관계가 나타나 있지 않지만 완역에는 애니메이션에는 쏙 빠져 있는 수많은 '잔소리'가 들어 있다. 가령,

슬픈 거인

"그렇게 살면(놀기만 하고 살면) 커서 정말 바보 얼간이가 되어 다른 사람들이 모두 널 놀리게 된다는 걸 모르는구나! [……] 학교에 가기 싫으면 정직하게 빵 한 조각이라도 벌 수 있는 직업을 골라 일을 배우면 되지 않겠니? [……] 그런 직업을 가진 사람들은 (먹고 마시고 자고 놀면서 아침부터 밤까지 떠돌아다니는 사람들) 결국 모두 병원이나 감옥 신세를 지고 말 거야."

"그러면 못써! 이 세상을 살아가려면 어릴 때부터 무엇이든 먹을 수 있어야 하고 또 맛있게 먹는 습관을 갖도록 해야 해. 살다 보면 어떤 일이 일어날지 모르거든. 이 세상에는 별의별 일이 다 있단다."

"멋진 옷이 아니라 깨끗한 옷을 입어야 신사란다."

"난 어린아이야. 그래서 다른 아이들에게서 물건을 사지 않아."

"잘 기억해 두렴. 변덕을 부리고 제멋대로 하는 아이들은 곧 후회하게 돼."

"좋은 약을 제때에 먹으면 중병에 걸렸다가도 살아날 수 있고 심지어 죽었다가도 살아날 수 있다는 것을 아이들은 알아야 해."

"넌 부끄럽지도 않니? 길에서 빈둥거리지 말고 차라리 일거리를 찾으러 가거라. 네 손으로 직접 먹을 것을 구하는 법을 배워!"

"사람은 가난하건 부자건간에 무엇인가에 몰두하고 일하게끔 되어 있어. 게으름에 몸을 맡기면 큰일난단다! 게으름은 아주 끔찍한 병이야. 어릴 때 빨리 치료를 해야 해. 그러지 않으면 어른이 되어서는 더 이상 고칠 수가 없단다."

"그만 싸워, 이 개구쟁이들아! 아이들끼리의 싸움도 이렇게 격렬하면 좋게 끝나기가 힘들어. 항상 안 좋은 일이 벌어진단 말이야!"

"자기들보다 훨씬 더 많이 아는 사람들 말을 안 듣는 아이들은 항상 불행한 일을 겪게 되기 때문이란다."

"'쉽게 번 돈은 쉽게 나간다' 이런 속담이나 잘 기억해두라고. [……] '나쁜 돈은 몸에 붙어 있지 않는다'는 속담이나 잘 기억해 둬라. [……] '이웃의 외투를 훔치는 사람은 대개 셔츠도 못 입고 죽는다' 이런 속담이나 잘 기억해 둬라."

"이 세상에서는, 할 수만 있다면 그 누구에게든 친절해야 한다는 걸 가르쳐 주기 위해서야. 언젠가 필요할 때 우리가 베푼 친절을 다시 돌려 받을 수 있으니까."

　이런 식으로 상대방을 직접 설득하는 얘기들이 작품 구석구석
에 박혀 있는데도 전혀 지루하지 않다. 뿐만 아니라 어쩌면 모든
어른들이 아이들에게 하고 지낼 것 같은 이런 말들이 오히려 감동
적이기까지 하다. 이런 말들 하나하나가 다 피노키오가 뼈아픈 일
들을 겪으면서 듣게 되고 하게 되는 것이기 때문에 그럴 수 있다.
그뿐만 아니라 이런 '좋은 얘기'들은 또한 어른들의 가르침에 짓
눌린 아이들의 욕망과 나란히 놓여 있기도 하다. 강도를 만날 것
을 예고하며 집으로 돌아가라고 일러 주는 귀뚜라미의 충고를 듣
지 않고 여우와 고양이가 말한 "기적의 들판"을 찾아가던 피노키
오가 혼자 말하는 장면을 보자.

　"정말 우리 같은 어린아이들은 얼마나 불쌍해! 모두들 우리에
게 소리치고 야단치고 훈계만 하잖아. 그런 말을 하게 그냥 내버
려 두면 사람들은 모두 자기가 우리 아버지나 선생님이 된 것처럼
착각한다니까. 모두 다. 말하는 귀뚜라미까지…… 내 생각엔 아빠
들이 밤에 밖에 나가서 놀고 싶어 하는 아이들을 겁주려고 강도가
있다고 일부러 꾸며 낸 것 같아."

　학교에 착실하게 다니는 피노키오에게 수업을 빼먹고 상어를
보러 가자며 꼬드기는 "공부는 안 하고 못된 짓만 하기로 유명한

장난꾸러기"들의 말은 한층 더 '교과서'를 벗어난다.

"선생님은 뭐라고 하든 내버려 둬. 하루 종일 불평해 대는 걸로 월급을 받으니까."

"공부를 하는 아이들 때문에 언제나 우리같이 공부하기 싫어하는 아이들은 눈에 띄지 않는단 말이야! 우린 눈에 띄고 싶어! 우리도 자존심이 있다고!"

"너도 우리의 3대 적인 학교·수업·선생을 미워해야 해."

피노키오의 '모험'을 가득 채우고 있는 '악'의 세계와 함께 아이들의 억눌린 욕망을 대변해 주는 이런 교과서 밖의 말들이 있기에 어른들의 교과서적인 가르침이 빛을 발한다. 대조라는 수사법.

: 기계적 축약

이 작품이 씌어진 지 약 100년의 세월이 흘렀다. 그동안 세상은 참 많이도 변했다. 세상 따라 아이들도 변하고 어른들도 변했다. 그래서 교육의 방법이 자꾸만 문제가 된다. 그럼에도 불구하고 피노키오 이야기 속에 들어 있는 가르침은 전혀 빛이 바래지 않았다. 기계 문명이 아무리 발전하고 정보의 양이 엄청나게 증가

해도 구시대의 도덕률이 무너지고 새로운 가치관이 생겨나도 아이는 아이고 어른은 어른이며 아이는 어른을 의지하면서 자라고, 어른은 아이를 사랑으로 보살피며 키워야 한다는 단순한 진리를 우리가 여전히 믿고 있기 때문이다. 교육, 특히 아이들 교육은 사랑을 바탕으로 하지 않고는 결코 성공할 수 없다. 하지만 『삐노끼오의 모험』이 명작인 것은 작품이 담고 있는 가르침이 훌륭하기 때문이 아니다. 『삐노끼오의 모험』은 무엇보다도 재미가 있다. 그 재미를 만들어 내는 요소들이 작품을 뛰어난 것으로 만들어 준다. 악과 선, 따스함과 잔인함, 정직과 거짓, 감정적인 토로와 이성적인 절제, 웃음과 눈물, 유머와 풍자, 과감한 생략과 친절한 되풀이, 이런 것들이 작품 속에 리듬을 만들어 주고 일관된 문체 속에서 느껴지는 긴장감은 읽는 이로 하여금 아름다움을 느끼게 한다. 그리고 그 아름다움이 이 작품을 '명작'으로 살아남게 한다. '애니메이션 세계 명작'은 아이러니컬하게도 명작을 명작이게 만드는 바로 이러한 요소들을 하나도 담아낼 수 없다. 우선 기나긴 이야기를 줄이다 보니 사건 중심으로 인물의 행동을 결과만 주욱 나열하여, 마치 동사로만 이루어진 문장들의 집합처럼 되어 버린다. 형용사와 부사 속에 들어 있는 문학적 진실이 쏙 빠져나간 횡뎅그렁한 말들의 집합은 명작은 고사하고 '이야기'라고 하기도 어렵다.

『삐노끼오의 모험』은 내용상으로 볼 때 초등학교 저학년 아이들 정도에 딱 알맞는 이야기다. 그러나 분량상으로 보면 책을 읽어 내는 힘이 그렇게 많지 않은 아이들에게는 쉽지 않은 작품이다. 그래서 나오는 해결책이 축약본이고 그 극한적인 형태가 '애니메이션 세계 명작' 같은 책이다. 작품을 축약한다는 데는 수많은 문제가 따른다. 그런데도 우리는 교육 혹은 학습이라는 미명하에 용감하게 내용을 간추린 책들을 내고 있다. 이 피노키오 이야기는 그림책이 아닌, 일러스트레이션을 많이 곁들이고 글씨가 큼직한 저학년용 읽을거리로도 많이 나와 있는데, 그중 한 권의 편집 취지를 보자. 책표지를 열면 앞날개에 커다란 빨간색 활자로 "어린이는 다 읽어도 반밖에 모릅니다"라는 주장 아래 다음과 같은 말들이 적혀 있다.

아무리 훌륭한 내용이라도 수준에 맞지 않다면 어린이는 다 읽어도 반밖에 모릅니다. 그래서, 저희 ** 에서는 어린이들의 연령별 지적 발달 과정과 학년별 교과 과정을 충실히 검토하여 각 학년의 수준에 맞는 내용과 어휘를 사용함은 물론 모든 책을 학년별로 구분하였습니다. [……] 게다가 [……] 저학년용은 글씨를 크게 키우고 부담스럽지 않은 분량으로 엮었습니다. [……] 좋은 책을 많이 읽히고 싶은 부모님의 욕심과 바람의 결과 [……] 저희 ** 에서는 우리 어린이들이 읽고 다 앎은 물론 2배, 3배로 활용할 수 있는 책을 만들기 위해…… (1994년 한국어린이교육연구원에서 펴낸 '1,2 학년 어린이를 위한 세계 명작의 고전!'『피노키오』표지 앞날개에서)

사명감으로 가득 차 있는 이 글을 대하면서 나는 의욕을 잃었다. 상업주의와의 영합이라고만 보기도 어려운, 오로지 좋은 의도로 가득한, 아이들 교육에 도움이 되겠다는 편집 의도…… 도대체 왜 세계 '명작,' 그러니까 문학작품, 다시 말해서 예술작품을 감상의 대상이 아니라 이해의 대상으로만 보는 걸까? 문학작품의 이해는 문장의 해독에서만 오지 않는다. 독자의 경험과 작품의 내용이 만나면서 이해의 폭은 얼마든지 다양하게 증폭될 수 있다. 어떤 독자든지 한 편의 문학작품을 자기 나름의 방식으로 만날 권리가 있다. 위와 같은 의도로 '저학년용'을 "부담스럽지 않은 분량"으로 줄여 내는 편집자는 어떤 독자에게 초점을 맞추었을까? 그들의 독자는 하나하나의 인간이 아니라 '저학년'이라는 유령이 아닐까? 사실, 우리가 알고 있는 거의 모든 '세계 명작'들이 원본의 많은 부분을 생략하고 변형한 축약본이라고 해도 과언이 아니다. 분량이 많은 작품을 줄여서 짧게 펴낸 것을 축약본이라고 한다. 다이제스트라는 말로 통용되고 있는 이 축약본은 일반적으로 시간적 제약으로 전체 줄거리를 빨리 파악하거나, 작품을 감상하기보다는 작품에 대한 지식을 빠르게 축적하는 등의 특정한 목적을 위해서 쓰인다. 그런데 유난히 축약본이 아무렇지도 않게, 심지어는 축약본이라는 아무런 표시도 없이 슬그머니 작품 행세를 하는 곳이 있다. 바로 어린이문학이다. 피노키오 이야기는 수없이 많은 축약본으로 망가지고 변질되어 버린 불쌍한 작품 중의 하나다.

『삐노끼오의 모험』은 본래 신문 연재 소설이었다. 그래서 짧게 끊어서 오랜 시간에 걸쳐서 읽어도 별로 무리가 없다. 게다가 이전 내용이 여러 가지 형태로 반복되고 있어서 길이가 길어도 어린 독자가 줄거리를 따라가지 못할 위험이 적다. 본래 피노키오가 나무에 매달려 죽는 장면에서 끝날 예정이었는데 너무 인기가 좋아서 두 배로 늘어났다고 한다. 그래서 그런지 본질적으로 구조가 비슷한 이야기들이 길게 늘어지는 경향이 있다. 디즈니는 이 점에 착안, 에피소드들을 단일화시켜 만화영화로 만들었다. 디즈니야말로 '세계 명작'들을 자기 식으로 다시 만들어 버림으로써 원작을 변형·훼손시킨 주범이다. 그렇기는 해도 디즈니에게는 하나의 세계가 있다. 원작에서 멀어졌지만 주관적이고 개인적일 망정 하나의 해석을 통해서 디즈니식으로 다시 태어난 '작품'이 있다. 그러나 수많은 다이제스트 판본들이 행한 축약에는 바로 이 해석이 빠져 있다. 그래서 작품도 되지 못하고 선명하고 단순한 교훈도 설득력을 지니지 못하는 것이다. 완역본을 읽으면 누구나 피노키오에 대해서 사랑스러운 마음이 생긴다. 짓궂지만 전혀 악의가 없고 잘못을 깨달을 때마다 진심으로 뉘우치지만 새로운 유혹 앞에서는 굳은 결심에도 불구하고 매번 흔들리는 지극히 아이다운 피노키오. 자기 대신에 꼭두각시 친구 하나가 땔감이 되어 버릴 위기에 처하자 차라리 자기가 죽겠다고 나서는 믿음직스러움, 포도밭을 지키다가 닭을 잡아먹으러 온 족제비와 타협하기를 거부하는 우직함, 학교·수업·선생을 미워하라는 친구의 협박에 끝까지

208   슬픈 거인

버티는 꼿꼿함, 장난감 마을에 가자는 친구의 꼬드김에 솔깃하면서도 "안 돼, 안 돼, 안 되고 말고. 난 이미 마음씨 고운 요정님께 착한 아이가 되겠다고 약속했는걸. 난 약속을 지키고 싶어"라고 말하는 순진함, 그러나 결국은 공부해야 할 의무가 절대 없는 '멋진 마을'로 가는 마차를 타고 마는 아이다움…… 애니메이션에서는 만날 수 없는 너무나 귀엽고 진실된 피노키오의 모습이다. 이런 피노키오라면 요정이 진짜 아이로 만들어 줄 만큼 착하지 않은가.

일반 문학에서건 어린이문학에서건 세계 명작은 끊임없이 되풀이해서 출판되고 있다. 어떻게 보면 더이상 문학이 옛날처럼 중요한 지위를 차지하고 있지 않은 현대의 문화 지형도내에서 세계 명작 만한 소설도 동화도 나오기가 하늘의 별따기만큼 어려운지도 모른다. 그러니 지루하더라도 그 '명작'을 읽어 내는 힘을 아이들에게 길러 주는 것은 중요하고도 중요한 일이다. 현대의 온갖 자극들이 부재하던 시대에 살았던 어떤 인물의 이야기 속에서 자기 내면과 일맥상통하는 무언가를 발견하고 막연하게 인생의 본질에 대한 감각을 키워 나가는 일에서 학교나 시험같은 것에서보다 훨씬 더 큰 교육적 효과를 기대할 수 있다. 그러나 그러려면, 단 한 권에 그칠지라도 아이들은 제대로 만들어진 책을 읽을 권리가 있다. 세계 명작을 몇 살까지 몇 권을 독파해야 하는 기준은 어디에도 없다. 한 권의 책을 제대로 읽은 아이의 내면에는 읽고, 느끼고, 생각하는 힘의 씨앗이 싹틀 것이다. 어떤 아이도 빨리빨리 많이 읽을 수 있는 지나치게 친절한 책을 원하지 않는다. 그럼에도 불구하고 어떤 부류의 어른들만이 그런 책을 만들고 있다. 물질주의가 아무리 팽배해도 어린이 책은 산업보다는 교육과 더 깊은 관계 속에서 발전해야 한다. 그래야만 한다.